だいわ文庫

しなやかに生きる
心の片づけ

渡辺奈都子

大和書房

はじめに

「よくわからないイライラが充満している」
「考えなきゃいけないことがたくさんあって焦ってしまう」
「イヤなことばかり思い出されて、気が付けば後ろ向き」
「本当の自分はもっと違うのにどうも素直になれない」
「頑張っても頑張っても空《むな》しさが埋まらない」

もしこんな状態だとしたら、心の荷物を片づけるタイミングなのかもしれません。

心は目に見えません。その大きさも計り知れません。そのため、心の中には多種多様なものがどんどん詰め込まれているにもかかわらず、私たちは自分の心の内側を整えるという機会をあまり経験していません。

忘れてしまいたいのにいつまでも繰り返し思い出される記憶、自分を縛り付けて不自由にする考え方、手放したほうがいいとわかっているのに固く握ってしまう思い。**自分の価値を奪うようなものたちに占領されている心の様子は、ガラクタの溢れる散らかった部屋と同じ**です。

大切にしたいモノがどうでもいいモノたちに埋もれて見えない。
必要なモノが必要なときにさっと出てこない。
優先順位もルールもなく、ただ無秩序にモノが詰め込まれている部屋。
そんなところでは、ゆとりも感じられず活力も湧いてはこないでしょう。毎日ため息ばかりが増えて、どんどん自分のことを嫌いになっていくかもしれません。

そんなときはどうしたらいいのでしょうか?

私がカウンセリングという仕事を始めて、そろそろ20年になります。心理カウンセラーとして、手放したい心の荷物を抱えて悩んでいる人たちにたくさんお会いしました。

また、心の健康やストレスマネジメントの研修を担当しながら、自分の心の整え方を求めている方々がとても多いことを感じました。

そんな経験から、目に見えない心の捉え方と目に見える空間の片づけを融合して、心の中の整え方をお話しすると、「わかりやすい！」と目を輝かせてくださる人たちが増えるようになりました。

今から約5年前、ほんの興味本位で、ある片づけのセミナーに参加しました。

「どんな片づけのコツを教えてもらえるんだろう？」と思っていると、講師から最初に尋ねられたことは、**「家が火事になったら、あなたは何を持って逃げますか？」**という質問でした。

空間の効果的な片づけの方法を教えてもらえるものだと思っていた私には、ちょっと意外な質問でした。そのときに学んだことは、空間を整理する前に思考の整理を行う「ライフオーガナイズ」という考え方です。

中でも、**過去と未来のモノたちに圧迫されて現在の暮らしが息苦しくなっていないか**、という視点は印象的でした。

たとえば、誰かにもらったお土産のキーホルダーや若かりし頃の賞状やトロフィーは、もう自分の役目を終えた過去のモノ。痩《や》せたら着ようと吊るされているワンピースや来客用に用意してあるティーセットは、出番がくるかどうかわからない未来のモノです。

限りある空間が〈過去〉と〈未来〉に占領されていて、いま必要なモノや大切に使いたい品々がどこか窮屈そうになってはいないか、と自分の暮らし方を振り返る機会になりました。

〈過去〉と〈未来〉に占領されて〈現在《いま》〉が快適でないというのは、私がカウンセラーとして出会うクライエントさんたちの心の中にもよく見受けられる様子です。

忘れてしまいたい〈過去〉を手放さず、あってほしくない〈未来〉を憂《うれ》いてエネルギーを消耗する。

必死に頑張って生きているはずなのに、大切な〈現在〉の生活がちっとも満足できていない……。

なんだか、どんどん心が散らかっていく感じがするでしょう。

そんなとき、ある人はその不満足感に対処しようとして、さらに新しいものを取り入れようとするかもしれません。しかし、**いま持っているものと向き合うことなく新たにものを増やせば、さらに混乱は大きくなります。**

これは空間の片づけでいえば、片づかないことに対処しようとして、とりあえず収納グッズを買いに走るというようなものです。

実は私も以前はそうでした。

「片づけたいな」と思ったときは、なんとなく良さそうな（そのときは役に立つと思える）収納ボックスやら整理トレイなどを買い揃えてみたりしました。

とはいえ、そこに入れるべきものを吟味《ぎんみ》するわけでもなく、置き場所を採寸することもなく購入されたモノたちは、「帯に短し襷《たすき》に長し」という具合で、結局「収納用品」であるはずのものがさらに「不要品」を増やす結果になっていきました。

自分はどんな生活を送りたいのか、そこでどんな風に過ごしたいのかということを考えずに、**やたらめったらに「役に立つはずだよ」と誰かからすすめられた借り物ばかりに手を伸ばしても、自分が納得できる「生きやすさ」は手に入りません。**

それは、空間も心の整理も同じなのです。

本書では、空間の片づけ術をヒントにしたり、手がかりになる心理学のエッセンスを交えたりしながら、「心の荷物の片づけ方」について考えていきます。心のガラクタを手放し、必要なものをしっかりと選び取り、あなたの大切なものたちが丁度《ちょうど》よく収まる仕組みを作るお手伝いができたら嬉しいです。

あなたに重くのしかかっていた荷物が上手に整理できて、しなやかに軽やかに生きるためのきっかけを見つけていただけることを願っています。

Part 1
心の中のやっかいな荷物たち

Part 2

生きにくい「モデルルーム」にならない心の作り方

Part 3

心を整える片づけの仕組み

Part 4

過去への執着を手放す

Part 5

他者への執着を手放す

Part 6

希望を見つけるために

Part 7

「ご機嫌力」を高める心の片づけ習慣

Part 8

回復力のある「しなやかな生き方」

Part 1 心の中のやっかいな荷物たち

あなたの心は片づいていますか？

「心を片づける」

これは日本語としてあまり一般的な表現ではないかもしれません。

通常「片づける」という言葉は、部屋や物や仕事など、対象がはっきりしている場合に使われるようです。辞書を引くと、それらについて「乱雑に置かれている物を整える。適当な場所にきちんと入れ納める。うまく処理する」という意味が載っています。

心は目に見えず、とらえどころもなく、まるではっきりしないものの代名詞です。しかし、その存在はと言えば、誰もが自分の内側にあると確信できるものです。計り知れないスペースがあってたくさんのものが詰まっています。さらに、年を重ね経験するものが増える度に、様々な思いや感情がどんどん蓄積されているということも理解できるでしょう。

そんな心の中を見つめ直し、「乱雑に置かれている物を整える。適当な場所にきちんと入れ納める。うまく処理する」ことができたらどうでしょうか。

心に溜め込まれているものについて、**ちゃんと仕分けたり、優先順位を決めたり、上手に付き合う方法がわかったら、もっと生きやすくなる**のではないでしょうか。

部屋の中にある様々なものを片づけるように、心の中の片づけを考えてみましょう、というのが本書のテーマです。

いつか捨てよう、そのうち片づけよう……

さて、みなさんは、「汚部屋《おべや》」という言葉を聞いたことがあるでしょうか。

脱ぎ散らかされた服、飲み終わったペットボトル、読みかけの雑誌、封も開けてないダイレクトメールの山……。

それらの陰で、買っておいた（はずの）新しいＴシャツやお土産にいただいた美味しそうな（だった）お菓子は忘れられ、友人から借りっぱなしのＣＤや今日中に出さなくちゃいけないナントカの申請書は見つからないという始末。

収まるところを知らない雑多なモノたちが、机どころか床の上にまで溢れていて、大切なものをすぐに見つけ出すことができない状態です。

「え？　その程度だったら私の家もだけど？」という人もいるかもしれませんし、ずっと気になっていて「今度の休日に片づける！」と決心している人もいることでしょう。

そんな風に**自覚があり、「よーし！　やるぞー！」と自力でリセットできて、気分のよい空間を取り戻せているなら、あなたは快適空間に対する回復力を持った人**です。

でも、「いつか片づけなくちゃ……」と思いつつ先送りしているうちに目新しいモノに心奪われ、気が付けばどんどんモノは増えて溜まるばかり。

そんなゴチャゴチャを目の端で捉えつつ、忙しさに追われてなかなか向き合えない日々。「えいっ！」と衝動的にモノを捨ててはみたものの、空しくなってあっという間にリバウンド。

もうどんな風にリセットしていいかわからないというあきらめと放置を積み重ね、毎日泣きたくなるような心に蓋《ふた》をして生きている……。

もしそんな状態だったら、立派な汚部屋予備軍なのでしょう。

「平気そうに振る舞っている」その内側は、きっと孤独とつらい気持ちで一杯になっているのではないでしょうか。

もしも心が汚部屋になったなら

これが空間ではなく、心の中の状態だったらどうでしょうか？

「いまの自分には必要でないもの（考え方）」や「すでに役目を終えているもの（感情）」たちが、ドドーンと心の真ん中の一番良いスペースを占領している。

大切なもの――たとえば「自分にやる気を与えてくれるもの」や「人生の喜びを増やすもの」――がどこかに埋もれてしまってなかなか見つからない。

抱えているものは両手いっぱいあるのに、気分は弾まないし体調も良くない。

頑張っても頑張っても疲れるばかりで、自信も充実感も湧いてこない。

一気に片づけてスッキリしたくても、何をどう手放したらいいのかわからない。

なんだか毎日が息苦しくて、できることならリセットしてしまいたい……。

心の中は、物理的な空間と違って写真に撮ることができませんし、他人の目に「散らかり方」が見えるわけではありません。**心の中が散らかっていても、誰かが気付いてくれて、「片づけ、手伝おうか？」と言ってもらえることもないでしょう。**

心が汚部屋になるのは、モノの溢れた散らかり放題の部屋の中で立ち尽くしている状態よりも、もっとつらく切ない状況です。

まず本章では、〈心の汚部屋予備軍〉と言える三人の女性たちの様子を例に、大切な心のスペースを圧迫している「心の荷物」をご紹介したいと思います。

汚部屋とは一夜にしてできたものではありません。
あなたの心にも何か兆候が見つかったら、心の片づけ方を見直してみましょう。

キラキラしなくちゃいけない症候群……A子の場合

今日も洗濯物を干し終えて、パソコンに向かう主婦・A子さん。見ているのは、かつての同級生や同僚たちが投稿しているフェイスブック。次々にアップされる投稿や写真は、どれも華やかで楽しそう。自分とはまるで住む世界が違うキラキラしたページを見ては、彼女はため息をつく毎日です。

えーっ、この人、本もたくさん出してて講演はいつも満員っていう、テレビでよく見る有名人じゃない!? 一美ったらいつの間に知り合いになったの?

昔同じ職場で働いていた一美は、数年前に転職した。グーンとキャリアアップしたらしくて、仕事のことや会った人のことがどんどんアップされる。ときどき公園や子どもに持たせたお弁当の写真を投稿している私とは違って、なんだかまぶしい……。

「今日は○○さんが主宰する勉強会に参加しました♪　このあと一緒に懇親会で～す」

講演家の○○さんとI美さんのツーショット写真には、「いいね！」が100件以上もついています。A子さんは「いいね！」を押すのをためらい、同時にそんな自分をイヤだなぁとも感じます。

一緒に仕事をしていた頃は、自分のほうが評価は高かった。I美は特別美人でもないし、地味でぱっとしない子だったのに……。結婚して、子どももできて、子育てに忙しくしている今を後悔するわけではないけれど、I美の活躍を目にするたびに、なんだかいたたまれないような気分が押し寄せる。

今後、夫が大きく昇進したりして生活が急に変わるような見込みもないし、子どもは可愛いけど何かすごい才能がありそうには思えない。パートに出たって高が知れているし、独身時代のキャリアも大したものではない。

このまま私はごくごく普通の「どこにでもいる主婦」で終わってしまうの？

もっと人生が変わるような何かが欲しいのに……。

きっと自分にも何かできることがあるはずなのに……。


A子さんはそう思いつつも、何をしたらいいかわかりません。気持ちばかりが焦って、どんどん自分が小さく感じられてしまいます。


息子が小学校に通うようになって、夫には「時間ができたんだったら、何かやりたいこと始めたら？」なんて言われるけれど、ＰＴＡの役員になっちゃって結構忙しいし……。

ううん、でも、それは嘘。

改めてそう言われても、何がやりたいのかがよくわからない、というのが本音。好きなことと言えば、お菓子作りとかアート鑑賞、ガーデニングとか……。だけど、それが仕事になるわけでもなく、今から園芸家を目指すなんて言うほどのめり込めるとも思えない。

資格でも取ろうかと思って、いろんな講座のパンフレットを取り寄せてみたものの、いまいちピンと来ることもなく、結局振り出しに戻る日々……。

昨日と同じ今日、今日と同じ明日……。「このままじゃいけない！」という思いで、A子さんの心はザワザワします。

こんなくすぶったままで終わりたくない！　本当の私を見つけるために、何かしなくちゃ……。

そんな将来に不安や焦りを感じながらも、彼女は家事の合間につい知り合いのブログやSNSをチェックしてしまうのでした。

「隣の芝生を覗く双眼鏡」を手放そう!

他者と比較することでますます焦りを感じる。

「私だって」と思いつつも、目的地が定まらないままどんどん不安になる。

そんな「キラキラしなくちゃいけない症候群」とも言えるA子さんは、**手応えの感じられない毎日にため息ばかりが出てしまう**のでしょう。

フェイスブックをはじめとするソーシャル・ネットワーキング・サービス(SNS)が普及したことによって、これまでなら年に一度の同窓会か年賀状でしか知ることのなかった(知らなくてよかった)昔の友人や以前の同僚の活躍する姿が、一つの情報としていつでも見られるようになりました。

「あー、あの人も頑張っているのだから、私も頑張ろう」と、自分が励まされる程度なら何の問題もないわけですが、**本来必要のないネガティブな感情を募《つの》らせてしまうとしたら、マメな情報のやりとりも考えもの**です。

A子さんは、いつも手の届くところに「隣の芝生《しばふ》を覗《のぞ》く双眼鏡」をスタンバイしています。

きっとそれを手放したら楽になれるはずなのに、毎日当たり前のように使っているので、自分にとって「手放すべき荷物」だとは思っていないのです。

「隣の芝生は青い」という諺《ことわざ》はどなたでもご存じでしょう。

この諺の由来を調べてみると、

「自宅の庭に立って足下の芝生を眺めてみると、芝の間から覗く土が見えてしまってまったく綺麗に見えないが、隣の家の芝生は斜めから眺めているので、実際にはあるはずの土の部分が見えずにとても青々と茂っているように見える」

ということでした。

A子さんの場合、自分の庭に見えるのは、芝生どころか黒々とした土ばかり。それは、夫のワイシャツのアイロンがけや子どもの上履《うわば》き入れ作り、町内会のゴミ掃き当番、夫がお世話になった方へのお礼状書き、実家の両親へのお歳暮選び……などかもしれません。

それに比べて〝隣の芝生〟は、楽しそうな会食や有名人の講演会、ぶらりと出掛けたような海外旅行が並んで見えます。それはそれはキラキラと光り輝いているように目に映るわけです。

ですが、**キラキラして見えるのは、ある角度から切り取られているから**です。その角度が絶妙なので、本当はその隙間にあるはずの黒い土の部分がこちらからは見えていないだけです。

本来、土がなければ芝は育ちません。土という日常（地味で細々とした現在の取り組み）から栄養をもらえないと芝は枯れてしまいます。

そのことを忘れて、**隣の芝生を覗き込んでばかりいると、焦りや不安という欲しく**

ない荷物で心の中が一杯になってしまいます。

A子さんが「隣の芝生を覗く双眼鏡」ではなく、「自分の生活を味わう顕微鏡」を手にすることができたら、今の生活の中にもきっとある小さなキラキラを発見できるのだと思います。

被害妄想戦士……I美の場合

I美さんが、ライター養成講座に通って編集プロダクションに転職したのが二年前。

夢に描いていた「ライター」という肩書き。普通は会えないような人たちに会える取材。そんなカッコ良い仕事に憧れていましたが、転職して初めて労働条件の大変さを実感しています。

終電帰りは日常茶飯事。残業代はつかないし、土日の出社も休日出勤手当なし。ボーナスだって一年に一度出るかどうかで、「あー、もうこんな生活耐えられない！」

という具合。

でも、「転職したの、失敗だったんじゃないの?」なんて間違っても思われたくないのです。なぜなら、「負けたくない」から――。

「君がそう思うんだったら、もう一回書き直してみたら? 明日の会議に間に合えばいいよ」

「ありがとうございます。じゃ、すぐにやります」

先週出した企画書は、どうやら隣の席のT山さんも似たようなものだったらしい。転職組の私は「普通の頑張り」じゃ絶対勝てない。もっと頑張ってもっと認めてもらいたい。

いい加減な仕事をして「こいつはこんな程度なのか」って思われたくない。

「I美さんって、前向きでスゴイですよね~。おしゃれだし、ネイルもいつも綺麗にされてるし、そのカバンも素敵ですね~。同世代なのに憧れます~」

最近入って来たパートのE子さんは、結婚していて子どももいます。いつもニコニコして誰とでもすぐに馴染めるという、社交的を絵に描いたような人です。でもきっと陰で、「そんなに頑張ってどうするんですか〜?」、「仕事ばっかりで空しくなりませんか〜?」ってつぶやいてるんでしょ、とI美さんは勘ぐってしまいます。

あー、なんかムカつく! こういう楽して幸せそうな人を見ると、イラッとしちゃう! っていうか、実はバカにされてる!?
私はそんな要領よく立ち回れるタイプでもないし、人付き合いも苦手だし、容姿だって十人並み以下。お世辞以外で褒められたことなんてない。出身は田舎で、やっと入った学校も無名に近い短大。
だから! なめられたら負けなのよ。ガンガン進まないと、後から来た人たちに追い抜かれちゃう!

そんなことを思っているから、「そのコピー、お昼までにやっといてよ」なんてすぐに上から目線になっちゃうんだよね……。

言ったあとで、周りがピクっとしたのを感じる。優しい言い方のできない自分にまた腹が立つ。

「仕事のデキる人」になるには社外の人たちとのネットワークも大事だと思い、インターネットで仕入れた勉強会にも積極的に出るようにしているI美さん。交換した名刺とともに、顔を覚えていない知り合いばかりが増えました。

「今日の勉強会のあとは、○○先生と懇親会でした」

そんなコメントを添えて、ワイングラスを傾けて撮った写真をフェイスブックにアップ。

すぐさま「いいね！」とクリックしてくれる人たちがいる。

たいした知り合いじゃないけれど、それを見ると、少しだけホッとする。

今週もあっという間に過ぎちゃったな。ちょっと休憩したい。

でも立ち止まったら負けちゃう気がして止まれない。

そんなことを思いながらも、I美さんはずっと走り続けています。

24 時間戦わなくていい

私たちは誰でも、自分の存在価値を感じたいと思っています。

誰かの役に立てると「あぁ、自分は価値ある存在なんだ」と感じられます。目標を達成したり誰かに褒めてもらえると「私ってなかなかやるじゃん」と思えます。

優劣の格付けで自分のほうが上位に感じられたり、競争に勝ったりすることも、自分の価値が測れる瞬間です。

I美さんは、何かに駆り立てられるように走り続けています。

「自分は勝《まさ》っていなくてはいけない、負けてはいけない、負けたら自分には価値がない！」と、なんとか自分の存在価値を感じようとしています。

ストイックに頑張っている状況は、まるで何かと戦っているかのようです。心は常にファイティングポーズ。I美さんの心のクローゼットには、鎧《よろい》や武装アクセサリーがギッシリ並んでいます。

それらを身につけていつも戦闘態勢でいれば、力の入った肩は凝り固まって心身ともにしんどさが増すでしょう。

戦いを挑んでいる相手は、職場の後輩や同僚なのか、会社なのか、ネット上の知り合いなのか、社会そのものなのか——。

いいえ、I美さん自身も誰とどんな風に何のために戦っているのか気付けていないのかもしれません。

I美さん自身だって、そんな鎧や武器が自分を幸せにしてくれているのかと問えば、そうではないことを薄々感じています。

「でも、こんな粗大ゴミ、どうやって手放していいかわからない。いや、ゴミじゃない、自分を守るために、自分を支えるために、いつも磨いてきた大切なものだ」

と、彼女の心は葛藤します。

だから、周囲の人たちから「そんなものはとっとと捨てたほうがいいよ」と簡単に言われれば言われるほどに、素直に聞くことができないのです。

「やっぱり捨てられない。だってこれがなかったら、負けちゃうもん!」

戦いを挑んでいると、そこに温かさは育ちません。

仮に勝利を得たとしても、その高揚感は一瞬のもので、心はまたすぐに冷えてカチコチになってしまうでしょう。

信頼や絆などと呼ばれるものは一朝一夕に出来上がるものではありません。種を蒔《ま》き、水をやり、肥料が与えられて、徐々に育っていくものです。

重く冷たい鎧に身を包んで、人間関係の〝畑〟をガシガシと不機嫌に進み、せっかく育とうとしている〝芽〟を踏み潰してしまえば、雑草さえ育たない荒れ野に一人ポツンとたたずむことになります。

やられたらやり返せるようにと、いつでも手に武器を握りしめている姿だと、周囲は怖くて近づいてきません。

心のクローゼットを見直して、戦闘アイテムの数々を手放すところから、I美さんの心の整理は始まるのでしょう。

嫌われ恐怖症……E子の場合

「はなちゃんママも参加するよね？」

「……うん、もちろん」

「じゃ、悪いんだけど会計係もやってもらえない？」

「え、私？　さっき買い出し係も頼まれたんだけど……」

「大丈夫、大丈夫。いざとなったらみんなで手伝うからさ」

「あ……うん！　じゃあ、頑張ってみるね！　お金の計算嫌いじゃないし、任せといて～！」

子どもが幼稚園に入ると、みんな当たり前のように「子どもの名前＋ママ」と呼び合うようになる。

私は「はなちゃんママ」と呼ばれるのは好きじゃない。でも、そんなことは言えない。

だって、みんなの和を乱す勝手な人だと思われて嫌われでもしたらおしまいだもの……。

今日は、幼稚園のバザーの実行委員を決める集まりです。E子さんは本当はこういう会が苦手で、できれば何もやりたくないと思っています。でも、頼まれるとつい他のママたちの顔色をうかがって「やります」って言ってしまうのです。

イヤイヤ引き受けたと思われたくなくて、必要以上に張り切ってみせちゃった……。

いつもそうだ。こんな自分がイヤになる。ちょっとテンション高すぎたかなとか、空気読めてなかったかなとか、ウジウジ考えて疲れちゃう。

どんな風に思われているんだろうって想像すると自分の意見が言えなくなって、つい相手に合わせてしまう……というよりも、もう自分の意見を言うなんて、こわくてできない。


「はなちゃんママはいつもニコニコしてて、良い人だよねー」

そんな風に褒めてもらったところで嬉しくない。「あの人、本当は八方美人だよね」って頭の中で変換されて聞こえてくるから。


昔、共働きで忙しい母親からよく言われた言葉を思い出す。

「そんな不機嫌そうな顔してると、お母さん、ますます疲れちゃうじゃない」

「駄々こねるような子は、お母さん嫌いになっちゃうよ!」

そのおかげで、「笑顔に見える顔」が上手になった。でも内心はずっとびくびくしっぱなし。

それは、ママ友だけじゃなくて、パート先の人たちにも、夫にも、相変わらず母にも。

自分がどんどんすり減っていくみたいで、もういい加減、人の顔色ばかり気にして過ごすのもしんどい。

ちっとも自信が持てないまま、ずっと同じことの繰り返し……。

そんなことを考えていると、バザー実行委員長のゆうたくんママからＬＩＮＥが。

「バザーの買い出しだけど、今度の土曜日の午後に行ける？」

土曜日は、実家の母のところに子どもを連れて行くって言ってしまった。

でも、すぐ返信しないと既読スルーだって思われちゃうかな。

母に今週はやっぱり行けないっていうのも気が引ける……。

実家には午前中に顔を出して午後は空けようか？　だけど、そうすると午前中に予約したヨガのレッスンまたキャンセルかぁ。うーん、仕方ない。

「ゆうたくんママ、連絡ありがとうございます！　土曜日の午後、ＯＫです。楽しみにしてるね♪」

ときどき無性に一人になりたくなるＥ子さん。ママ友たちからのＬＩＮＥが気にならない生活を夢見ています。

自分が映る鏡を磨こう

「ノリが良くて、場の雰囲気を盛り上げて、いつもニコニコしている楽しそうな人」
「とても献身的で、周囲に気遣いができて、決してＮＯと言わない良い人」

そんな風に思われているＥ子さんですが、その仮面の裏側で常に周りの人たちの顔色をうかがいながら緊張しています。必死に空気を読み、どんどん疲弊して、「本当の自分」がどこかに行ってしまっています。

E子さんの心は「自分の姿が映らない鏡」で囲われているようなものです。

心の真ん中には、他人からの評価、他人の気持ち、他人の行動、他人の信念が並んでいます。**「自分の」というラベルがついたものがほとんど見当たらない、まるで借り物ばかりの暮らし**は、きっと窮屈でリラックスできないでしょう。


他人の評価や環境に逆らわないように、時には依存して過ごしながらも内心は不満や不安を抱えている。そんな状態は**「過剰適応」**と呼ばれます。

外からは、人当たりも良くやる気もあり、いわゆる「良い人」という評判を得ている一方、内側では、「自分の意見は相手の気分を損《そこ》ねはしないか」「一度嫌われてしまったら終わってしまうんじゃないか」「ダメな人だと思われたらどうしよう」というネガティブな思いが渦巻いています。

自分の存在価値を感じたいと思うのは、前述のI美さんと同じですが、E子さんの場合は、誰からも敵対視されず、見捨てられないようにする方法を選んでいます。


誰でも嫌われるよりは好かれたいし、せっかくなら悪い人より良い人と思われたいものです。

しかし、実際には「誰からも好かれる」ことや「決して嫌われないこと」はどうやっても達成不可能です。

世の中には、自分の価値観と合う人も合わない人も存在するし、たとえ失敗しても回復することは可能です。仮に嫌われることがあってその人と疎遠《そえん》になったところで、人生が終わるわけではありません。

自分の考え方や感情は常に後回しにして、他者の望みに合うように過ごす。しかもそこに喜びを感じるわけではなく、気になるのは相手の反応ばかり。

そんな風に**他者評価に流されているなら、心の中はいつも落ち着かないはず**です。

E子さんが気持ちを整え、散らかりにくい心の状態を取り戻すには、自分がしっかり映る鏡、自分のラベルが貼られた価値観や気持ちが必要なのです。

片づけとは、本当に大切なものを見直すこと

いかがでしょうか。

「心の汚部屋予備軍」などという言い方は、ちょっと極端で衝撃的だったかもしれません。

でも、多くの汚部屋住人たちは言います。

「少しずつこうなっていったので、そんなにひどい状態になっているなんて自分では思わなかった」と。

チリも積もれば山となる。

日々感じていること、思っていること、自分に言い聞かせていることが、心の中に蓄えられていきます。もしかしたら、実際のモノが家の中に入ってくるスピードよりもかなり速いサイクルかもしれません。

私たちは**「変わりたいな」と思っていても、慣れている自分に引きずられてしまう**特性を持っています。そのほうが楽だからです。

頭ではわかっているにもかかわらず、ついつい日々の中でできるはずの変化を先送りしてしまう。本当に大切なものを見失って、切羽詰まるまでダラダラしてしまう。その結果、幾層にもいろんなものが積み重なった「汚部屋」を整理することになって、どこから手をつけてよいかわからず途方に暮れます。

挙げ句の果てには「どうせ片づけたって元に戻っちゃうし、こういう生活もべつにイヤじゃない」と無理やり自分に言い聞かせて、あきらめた行動を選択することになるのでしょう。

「心の汚部屋予備軍」もこれとよく似た可能性を持っています。

何か変だな、変わりたいな……と思いつつも、不幸アイテムを使い続けてしまいます。年季が入れば入るほど、オリジナルの不幸アイテムを使っている自分が最も自分らしいかのように感じるでしょう。

そのうち、「どうせ変わろうとしたって私には無理だし、逆にストレス増えちゃうんじゃない？」と変わらないですむための言い訳も見つかるかもしれません。

もし、今よりも心地よく過ごしたいのであれば、心の中の整え方を見直してみましょう。心の中の片づけは、お金もかからず、いつからでも始められます。

あなたの心の中は、自分を機嫌良く、生きやすくしてくれるもので整っていますか？

それとも、いらない荷物をかき分けて、本当に大切なことをいつも探し回っているでしょうか？

Part 2 | 生きにくい「モデルルーム」にならない心の作り方

空間と心の片づけ、その共通点

空間と心には相関関係があると言われます。

部屋が散らかっている人は心も乱れやすくなり、心が落ち着かないときは生活の場が散らかりやすくなるのです。


空間の片づけと心の片づけ、そこには二つの共通点があると私は思っています。


たとえば、片づいている部屋を想像してみてください。

おしゃれなインテリアと素敵な雑貨が整然と並んでいるモデルルームのような空間が思い浮かぶかもしれません。

ですが、**実際にはモデルルームのような状態を維持して暮らすのは無理**です。生きている空間というのは、時間や人の流れによって様々に形を変えていきます。もし

「モノやレイアウトの動かせない部屋」とか「ぜったいに散らかることを許さない部屋」を目指してしまったら、そこで心地よく暮らせる人はいないでしょう。

生活していれば、モノが散らかったり乱れたりするのは当然です。

つまり、部屋の片づけに必要なのは、散らかっても片づけやすい部屋であることなのです。

心の中の片づけもこれと同じです。

心が片づいているというのは「決して怒らない人」とか「まったく憂うつにならない人」になることではありません。

生きていれば、怒りを感じることも、憂うつでへこむようなことも経験します。

私たちの人生からネガティブな感情を一掃《いっそう》してしまうことはできません。

しかし、必要以上にイライラを長引かせて関係のない第三者にあたるとか、いつまでも落ち込みが続いて、やらなくてはならないことにさえ手が付けられないという状況を回避することはできます。

空間も心も、時に乱れることがあっても、必要に応じてもとの心地よい状態に戻せることが大切です。

まったく散らかることのない部屋が現実的ではないように、**どんなときも怒らない、あるいは、絶対に落ち込まない自分を目指さなくていい。**

これがまず一つ目の共通点です。

もう一つの共通点は、その片づけやすさの土台には、仕組みが存在しているということです。

片づけとは、ただモノを捨てることや見た目を良くすることを目指すのではありません。所有しているモノの量や用途を把握して、その人にとって使いやすく気分のよい状態を作ることです。

空間を整えるときには、持っているモノの特徴や使用頻度、使いやすさと自分のこだわりなどを把握することが大事です。

それが「自分らしさ」とも言える、モノに対する価値観だからです。

自分の価値観を理解してモノを整えたり収めたりすること、自分の生活動線や習慣を踏まえた片づけの仕組みを作ることで、散らかったモノも慌てずに定位置に戻しやすくなるのです。

心が乱れたときや感情が揺さぶられたときも、自分の心を整える仕組みがわかっていたらどうでしょう。

空間と同じように、そもそも自分はどんな特徴の何を持っているのか、どんなものが使いやすいのか、本当は何を大切にしたいのか——これらを把握しておくことで、散らかった心も整えやすくなり、本来の自分を取り戻すための時間を短くすることができます。

そうすることで、生きやすさはきっと大きく変わるはずです。

「散らかっても整えやすい部屋」と同様、**「落ち込んでも回復しやすい心」も仕組み作りによって手に入りやすくなる**のです。

「丁度いい自分＝ニュートラルポジション」をセットする

土台となる仕組みを作るには、自分にとって丁度いい状態をわかっている必要があります。

空間でも心でも、あー散らかっちゃったなー、と思う状態から「あそこに戻そう（戻ろう）！」と目指せるようなベースライン、高望みし過ぎない適度な許容範囲をセットしておくということです。

この**「丁度いい」ラインをあまりにも狭く設定したり、現実離れしたところに置いてしまうと、逆にイライラや苦痛が増える**ことになってしまいます。

たとえば、「いつでもピカピカでチリ一つ落ちていない、すべてのものがお行儀よく並んでいる部屋が私の理想だ」という人も、仕事も家事も大忙しの時期にそれを「丁度いい」と設定すれば、できない自分を責めたり、協力してくれない家族に腹が立ったりする時間が増えて、日々の暮らしが苦しくなります。

いくつか大切な箇所をチェックポイントにして、それ以外はこんな程度でいいかという「ゆとり」のある状態が快適さを維持しやすくします。寝るときにはリビングのテーブルの上はモノがない、脱いだ靴は揃っている、扉や引き出しはすべて閉まっている……などです。

自分に丁度いい程度のルールがあって、それが維持できていると感じられていれば、多少散らかってしまっても私たちは自分のコントロールを失わずにいられます。

同じように、どんなことがあってもポジティブでいられる自分を標準値にすることは、自分に対してちょっと厳しすぎるかもしれません。

厳しすぎる基準は、自分にダメ出しする機会を増やすことになります。

物事をポジティブに捉えるという力は重要ですが、ネガティブな面をまったく見ない、もしくは感じないようにして、無理やりポジティブになろうとしても心は落ち着きません。

「いつも元気で笑顔！　悩みもストレスも何もないです！」というような、〝ザ・ポジティブな人〟でいることを自分に課していたら、自分で自分をしんどくしているようなものです。

頑張る、でも頑張りすぎない

「いまの自分が好きか？」というより「丁度いいか？」と問うてみてください。

無理をしているわけではなく、かといって、ダラけて楽ばかりしているわけでもない。

「ありのまま」の自分を認めているけれど、「何もしない」わけではない。

夢を持ちながらも、地に足をつけて自分らしく暮らせている……。

等身大ではあるけれど、去年よりも、昨日よりも、成長できている自分という感じです。

もしかしたら、周りの勢いや情報に乗せられて、必要以上にアクセルを吹かしてクタクタになっている人もいるかもしれません。落ち込まない自分を目指さなくていいように、いつでも陽気で明るいキラキラの自分であり続けなくていいのです。

大成功をおさめて自己肯定感がみるみる上がって浮き足立つときもあります。

そんなときも、謙虚さを忘れず、調子に乗って鼻高々になったりせずに、丁度いい自分のベースラインに戻ってくることが賢い選択ではないかと思います。

「中庸《ちゅうよう》」という言葉をご存じでしょうか？

「中庸」とは、古代ギリシャ時代のアリストテレスや、孔子が『論語』の中で使った言葉ですが、その意味は、「一方に偏ることなく、多すぎず少なすぎない調和がとれている状態」を指しています。

別の言い方をすれば、**バランスのよい感じ、プラスとマイナスのどちらかに振れても丁度いいところに戻ってこられること**、でしょうか。

丁度いい自分に回復させる力は「中庸力」とも言えるかもしれません。前述したように、心が乱れることがあってもちゃんと最適な自分を取り戻せるということが、心が整っている人の最大の要素だと思います。

丁度よさには、多少の振れ幅があります。ベースラインは細い一本の線ではなく、ある程度の幅があっていいのです。

この幅広さを自分に許しておくことがセルフコントロールの鍵です。

心の「隙間」を「余裕」に置き換えてみる

寂しさや空しさ――。

そんな感情を抱くとき、私たちは何とかそれらを拭《ぬぐ》おうと試みます。

満たされない欲求を別の形で埋めようとすることを**「代替《だいたい》行動（代償行動）」**と呼びます。

わかりやすい例は買い物です。

モノを買うこと、すなわち、お金を使うことには快感が伴うというのは、多くの方々がご存知のところではないかと思います。

でも、**新しいものを手に入れた！　という幸せはほんの一瞬**です。満たされない心を埋めたくて買ったものは、本来必要なものではありません。

購入したら途端に興味を失って、紙袋のまま部屋にポイッと置いてあるという人もいるでしょう。そうして必要ないものがどんどん部屋に溜まっていきます。

たまの気晴らし程度（しかも家計を圧迫しない程度）の買い物ならいいですが、これが続くと大変です。言葉通り、足の踏み場がなくなり、自分の居場所は狭くなり、必要なものが見つからないという「暮らしにくい部屋」の誕生です。

そのうえ、心は相変わらず満たされない……。いや、むしろ、もっと混乱を生み出すことになります。

モノが溢れて混乱している環境がいつも目に入って来るわけですから、それも日々の小さなストレスになるでしょう。

何か足りないかも、と感じたときは、空間の片づけをヒントにして心に「隙間」があることを肯定的に捉えましょう。棚やクローゼットならば最も使いやすく気持ちがいいのは、８割程度のモノで埋まっていて、２割は余裕がある状態です。

全部をキッチリ埋めてしまうと取り出しにくくなってしまいますし、新しいものが入るスペースがありません。

「何かを手放せば新しいものが入ってくる」とよく言われます。**隙間がなくてぎゅうぎゅうの状態では、目の前に本当に必要なものが現れても、意識を向ける余裕がなくて気付かずに通り過ぎてしまいます。**

心に不要なものを上手に手放して程よいスペースを作ると、本当に欲しかったものが手に入るようになります。

「心の隙間は、心の余裕」。

「こんな自分ではまだ足りないのではないか」と思って、全部埋めよう、満タンにしようと思っているなら、その隙間を「余裕」と言い換えてみるのはどうでしょうか。

言葉の持つ力は案外大きいものです。

心を片づけやすくする2つのポイント

空間であれば、丁度いい状態がキープできているかどうかを眺めてチェックすることができます。

しかし、心の中は意識しないと自らチェックすることができません。

心を片づけたり、整えたりするためには、自分の心の中をしっかりと見つめることが不可欠です。

自分の心の中を覗いて現状を把握する力のことを**「内省力《ないせいりょく》」**といいます。

内省とは、単なる反省とは違って、現状と丁度いい自分とのギャップを認識して、自分を適切に振り返ることです。

自分を適切に振り返るためのポイントは、

①自分の良いところを理解している
②自分の弱いところを理解している

の2つです。それぞれ説明してみます。

❶自分の良いところを理解している

誰にでもその人らしい良さが備わっています。

それにもかかわらず、自分の良いところなんて見つけられない、相手の良さはわかっても自分のことはなかなかわからない、という人が多いように思います。謙遜の美徳という日本文化の中では、自分らしさをポジティブに捉えることが難しいのかもしれません。

ですが、最近では、自分の「強み」や「資質」というキーワードをよく耳にするようになりました。かつては性格診断と呼ばれていた種類のものが細分化され、自分の生まれ持った特徴や成長の過程で身につけた思考パターン、価値観や行動傾向などを分析するチェックリストが増えています。

インターネットのお陰で多くのデータの統計処理もしやすくなりました。より専門的で個人的な傾向を教えてくれるウェブサイトはたいへん人気があります。

謙虚さ故に自分の良さを自分で数えることが苦手な人は、こういった「自分自身の特性を知る」ための診断ツールを参考に、自分の肯定的な側面を確認することもよいのではないでしょうか。

自分の特性や傾向を知ることとは、あなたの中に備わっているものをリストアップするようなものです。

そして、そのリストの中で、**自分が「得意」とし、喜んで「やりたい」ことで、誰かの「役に立つもの」は、最強の「幸せアイテム」**になります。自分の良さが最大限に発揮される場面とも言えるでしょう。

たとえば、好奇心が強くて何でも知りたい、学びたいという傾向を持っている人は、ただ家にこもって本の虫になっていたり、自分が学べたということだけで満足してしまうのではなく、学んだ内容を必要に感じている人に情報として伝えたり、ブログ等で発信したりすることで誰かの役に立つことができます。

また、創造性に溢れていて常識を超えたひらめきを得意としている人は、自分本位な独創的すぎるアイデアを羅列しているだけでは、ただの変わり者と思われるに留まってしまいます。

しかし、チームや組織の困難な局面でこれまで思いつかなかったようなアイデアを提供し、問題解決に一役買えたら、自分も周囲もとても気分が良いでしょう。

「強み」や「資質」というものは、あまり意識をしなくても（あなたから）溢れ出てしまうものです。

日々当たり前のように使っているので気にも留めず、持ち物リストにさえアップされていないものもあるかもしれません。だとしたらそれはとてももったいないことです。

自分を内省してみてまずまず満足できているときは、自分の良いところがちゃんと使われている状態で、逆に心がざわついていると感じるときは、自分の良いところが活かされていないときではないでしょうか。

自分の良いところを理解していれば、自分の活かし方やその場面、活かしてくれる人と出会える機会が多くなり、心のざわつきからの回復も早くなります。

❷自分の弱いところを理解している

私たちは万能ではありません。苦手なことも、どんなに頑張っても上手くならないこともあるものです。

できないことや不得意なことがあるのは恥ずかしいことではありません。**万能なフリや背伸びをして、必要以上に自分を大きく見せようとしていると、心が不安定になります。**

自分の弱いところが理解できていると、自分を内省したときに必要以上に落ち込まなくてすみます。

振り返る度に自分にダメ出しばかりしていると、さらに心が弱っていってしまいます。

弱いところというのは自分の課題にもなりますが、その弱さは必ずしも克服しなくてはならないというわけではありません。

弱点の修正を目標にしてしまうと、自分をすり減らしてしまうことにもなりかねません。せっかく努力してもほどほどの成果しか得られないからです。

そして、そもそもそれが得意な人にはどう頑張ってもかないません。苦手なことに取り組むことは気分の良いことでもないでしょう。弱点に注目していると、心穏やかには過ごせないのです。

自分の弱いところを素直に受け入れられたら、その対処方法も考えやすくなります。

たとえば、緊張しやすい人は、緊張しなくなる方法を模索するよりも、丁寧にプレゼンの準備をして、緊張しても滞りなくできるようにしておく。気が短い人は、なかなか来ないメールの返信にイライラしながら耐えるよりも、あらかじめ先方に何日の何時までに返事をくださいと具体的に伝えておく。
こうした対応を考えるほうが、エネルギーを無駄に消耗せずにすみます。

また、自分の弱いところは、良いところと表裏《ひょうり》一体になっていることもあります。じっくりと戦略を練ることを得意としている人は、いつまでも考えすぎて行動に移すことが遅れがちだったり、社交的で誰とでも楽しい会話ができる人は、つい口を滑らせて言わなくても良いことまで言ってしまったりするかもしれません。

自分の弱いところを理解しておくことは自分自身のリスクヘッジにも役立ちます。**課題や苦手な側面をちゃんと受容できていれば、必要以上に心を散らかさず、無駄なものを仕入れずにすむ**のです。

自分を適切に振り返ることのできる内省力は、心を整えるための大切な力です。
自分の良いところと弱いところをきちんと理解することで、内省力がより一層高まるのではないかと思います。

Part 3　心を整える片づけの仕組み

片づけの4ステップ

片づけの方法は、それぞれのプロによって様々な表現がされていますが、主なプロセスは次の4つからなっています。

①全部出す
②分ける
③収める
④維持する

この章では、これらの空間を片づけるプロセスを、心の片づけにも応用する方法をお伝えします。

両者を照らしてみることで、心の荷物を片づけるヒントがわかりやすくなるのではないかと思います。

全部出して「見える化」する

まず、「①全部出す」こと。

たとえばクローゼットの整理なら、ハンガーに掛かっているもの、畳んであるもの、さらに収納ケースの中に入っているものも、すべて出してみます。リビングの収納棚でも扉を開けたすべての段のものをすっかり出します。

この「全部出す」ことを手間に感じ、見えている手前のものだけをちょっとずらしたり、見えないように置き換えても片づけたことにはなりません。

全部出してみると、「これ、こんなところにあったんだ」「あー、なんでこんなもの取っておいたんだろう」と、普段は見過ごしていたものを発見することになります。

「ここってこんなに広かったのか……」とがらんとしたスペースを眺めることで、本当はそこにあったらいいものがイメージしやすくなったりもします。

これを心の片づけに応用して考えてみましょう。

まず、片づけたい部分について「全部出す」。

しなくてはならないこと、気になっていること、やろうと思っていることを書き出してToDoリストのようなものを作っている人はよくいらっしゃいます。

それだけでなく、**自分のしたいこと、本当は大切にしたいこと、ずっと願っていたこと、心の中にモヤモヤと居座っているものなども出してみましょう。**

これは、心の中を「見える化」するための最初のプロセスです。

空間の片づけでは、そこにあるものを全部出すことで持っているものを把握しやすくします。

心の場合は、目に見えないのでなかなか全部を出し尽くすことは難しいわけですが、いま気になっていることや頭をかすめている出来事、できるかどうかは別として「したいなー」「ほしいなー」と思うことなどを、ひとまず紙に書いて自分の目に見えるようにしてみてください。

付箋などに一つずつ書き出すもよし、メモ用紙を思いつくまま並べてみるのもよし。チラシの裏に書きなぐってみることでもかまいません。

「書いてみる」というのは、自分の内側から外に出す行為です。

全部出してみたからといって心の中が空っぽになるわけではありませんが、**紙の上に書くことによって、内なるモヤモヤと自分との間に物理的な距離が生まれます。**

この距離によって、少しだけ客観的になって「今の私はこういうことで心がいっぱいなんだな」と把握しやすくなるのではないかと思います。

気持ちは「したい／したくない」で分ける

次に、「②分ける」作業です。全部出してみたモノ（こと）を仕分けます。

空間の片づけでよくあるのは、このとき単純に要不要で分けたり、まだ使えるか否かという基準だけで分けてしまうこと。そして、「そのうち使うかもしれないから」

とか「もったいないから」という思いが先に立ってしまうことです。

それでは結局元に戻すことになってしまい、分ける意味がありません。

「分ける」という行為は、**自分の理想の生活や望んでいる暮らし方に照らして「選択する」作業の始まり**です。

ですので、自分の暮らしを把握しやすい「しっくりくるキーワード」で分類してみるということが大切なのです。

分ける作業は、何も一回で決着をつけなくてはいけないものではありません。

モノを分ける場合なら、一番しやすいのは「持ち主別」、「ジャンル別」などでしょう。

さらに細分化するために、「毎日使う／一週間に一度／一ヶ月に一度／一年に一度」と活用頻度を段階的にしたり、「気に入っている／気に入っていない」という好みの軸と、「使っている／使っていない」という現在の使用度の軸を組み合わせたりする方法もあります（図1参照）。

図1｜好みと使用頻度を用いたモノの分類

	気に入っている	気に入っていない
使っている	手元に置いておく	検討する
使っていない	検討する	手放す

（参考：『ライフオーガナイズ』主婦と生活社刊）

分けるということは、自分の価値観や好み、生活スタイルに合わせて、選び取るという作業です。

分けてみると見えることがあります。その結果、モノを「減らす」「手放す」ことがしやすくなっていきます。

心の中から出てきたものについても、分ける作業は大切です。

分け方はいろいろあります。

・対象者別（自分のこと／配偶者のこと／子どものこと／親や職場の人など）
・時間軸別（過去のこと／現在のこと／未来のこと）

見えない場所で一括《くく》りになっていたものをこんな風に分けて眺めてみることからも、それぞれ気付くことはあると思います。

私がおすすめする分け方の一つは、「したい／したくない」「している／していない」という要素と組み合わせてマトリクスにしてみるとこんな感じになるでしょうか（図2参照）。

心のモヤモヤの中には、したいと思っているのにできていないなと感じていることも、したくないけれどやっていることも混ざっています。

「したいこと」をしているのに心が晴れない人は「すべきこと」を後回しにしている

図2｜意欲と実行度を用いた心の分類

	したい	したくない
している	手元に置いておく	検討する
していない	検討する	手放す

ことが多く、逆に「すべきこと」ばかりに追われていて元気の出ない人は「したいこと」に手を付けていないことが多いのです（Part6参照）。

もう一つ重要な分け方は、**「自分で変えられるもの」と「自分で変えられないもの」**という分類です。

たとえば、「何日までに○○を提出」、「誰々に△△を依頼する」、「□□の受講料を支払う」などは、自分の行動として変えられるものです。

また「ダイエットする」、「××検定のための勉強をする」などは、何から着手するのかを明確にすることによって、自分の意思でコントロールできるものになります。

一方、変えられないものとしては、他者への期待、過去のつらい記憶、失敗や後悔、極端に現実離れした逃避的妄想……などが挙げられます。

心の片づけで特に注目するのは、こうした「変えられないもの」への執着の対処です。特に「過去」と「他者」に関しては、手に余る感情を抱えている人はたくさんいます。

これらについてはＰａｒｔ４～５で、じっくりと取り扱ってみたいと思います。

心のゴールデンゾーンに何を置くかを決める

しっかりと分けられたら、今度は「③収める」ことを考えます。

収めるときの重要ポイントは「自分の使いやすい場所」を考えて「モノの定位置を

作る」ことです。

いってみれば、モノに〝住所〟を設けるような作業です。

「住所」が決まっていれば、どこかに出掛けていたものたちも、いざというときはきちんと帰ることができます。その日暮らしの不法侵入者のようなものたちが、リビングテーブルやソファの上にいつまでも居続ける頻度が減っていくというわけです。

特に意識したいのは、「ゴールデンゾーン」に何を置くかということです。

ゴールデンゾーンとは、目につきやすく手に取りやすい場所のことで、通常は一番活用しやすいスペースになります。ここによく使うもの、使いたいものがしっかり収まると、機能的で使い勝手のよい状態が手に入ります。

心の場合、空間と違ってスペースは無限大ですが、それでもゴールデンゾーンと呼べる場所はあります。

ゴールデンゾーンには、**事あるごとに頭に浮かぶ考えやいつも思い返しているようなことが並ぶ**ことになります。昔の甘酸っぱい恋愛時代を思い出したら、相手の存在や交わしたやりとりの記憶が並んでいたスペースのことか……と合点がいくかもしれません。

このゴールデンゾーンに**自分の自信を奪うような考えや、気持ちを暗くするような思い出を並べていたら、心地よい暮らしは手に入りません。**きっと、先ほどの「分ける」という作業をしてみたら「これは心の真ん中に置かないほうがいいよね」と気付いたものがあるでしょう。ぜひ、自信を与えてくれたり、気持ちを明るくできるようなものに取り替えてみてください。

心のゴールデンゾーンには、常に意識していることが収まります。

よく夢や目標を手帳に書いて見るようにしたり、自分を支えるアファーメーション（独り言）を繰り返したり、スマートフォンの待ち受け画面に誰かの写真を登録したりしている人がいますが、それはゴールデンゾーンに収めたいものを選んでいる作業と言えるかもしれません。

心にも「保留ボックス」を持つ

それでは、本当はあまり考えたくないこと、わかってはいるけれどついつい思い巡らせてしまうネガティブなことや「変えられないもの」については、どんな風に収めればいいのでしょうか。

ここで登場するのが「保留ボックス」です。

モノの片づけの場合にも、まだ手放すには躊躇《ちゅうちょ》してしまうものや迷うものは「保留ボックス」に入れておくという方法が使われます。

同様に心の中にも特定の箱を作って**「いま考えても仕方ないことだな」「気になるけど私に何かできるわけじゃないな」という類《たぐ》いのものを入れておく（と想定する）箱**を作ってみてください。

人はネガティブな感情を抱えているとなかなか幸せになれません。

特に、誰かに対する恨みや憎しみ、後悔や罪悪感などでしょうか。自分を苦しめる感情を手放したいと思っていても、これまで抱えてきた時間が長ければ長いほど、いきなりポイッと捨てることは難しいでしょう。

だから、手放すのではなく、いったん脇に置いてみるのです。

保留ボックスに入れるというのは、無理やり自分から引き剥がして処分するわけではありません。

ですから、時折しまってあるはずの感情がふと顔を覗かせてしまっても「ああ、もう捨てたはずなのに……」と自己嫌悪になる必要もありません。また箱に収めればいいのです。

とりあえずいったん「収める」ことができれば、後々の手放しやすさはグンと高まります。もしかしたら、この「保留ボックス」に入れるだけでいつの日か自然と消去されていることもあるかもしれません。

頭の中のイメージで行う作業ですが、実際に書いたものを空き箱や使っていない収納ケースに入れてしまうというのも良い方法です。

「情報の交通整理」でリバウンドを防ぐべし！

最後に、「④維持する」です。

たとえば、部屋の片づけで最も重要かつ困難なことは、整った状態を維持することです。

快適な空間を維持するときには、片づけ方だけでなく、家の中に入ってくるモノを管理するという視点も必要になります。

モノには足が生えていて勝手に家に上がってくるわけではありません。誰かが玄関から家の中に招き入れているわけです。厳選して買い足したものだけでなく、「安かった」、「ノベルティとして配られた」、「人からいただいた」などの理由で、家の中にはいろいろなものが増えていきます。

モノの買い方や仕入れ方についても、自分たちの価値観を土台に考えてみることが心地よさを維持することに繋がるのです。

では、心に積み込まれる情報はどうでしょうか？　無意識に、まるで不法侵入者のごとく私たちの心にやってくるのでしょうか。

いいえ、そうではありません。

空間を陣取るモノと同じように、**自分の価値観を土台にして情報の仕入れ方を整理することで、心に入ってくる情報を選ぶ**ことができます。

具体的な方法としては、

○わざわざ自分を傷つけるような情報を仕入れない

（例）気分が悪くなるようなネットの書き込みや友人たちのやりとりを見ない

○なんでもかんでも焦って情報を集めない

（例）知らないと乗り遅れてしまうと思って必要ない情報収集に時間を消費しない

○付き合う人や機会を選ぶ

（例）せっかく誘われたんだから、と義理で何かの集まりに参加しない

といったことが考えられます。

目には見えないけれど、無防備に情報のシャワーを浴びていると心が乱れやすくなります。自分の中に入ってくる情報を交通整理することで、情報にむやみに振り回されることを防ぎましょう。

ネガティブ感情の使い道を考えない

「いつか使うかもしれない」という思いは、モノを手放しにくくします。

そして、その「いつか」は、いつまで経ってもやってこないことがほとんどです。

結局使わずに、スペースもそのモノ自体も無駄にしてしまったという経験が私にもあります。

たとえば結婚祝いにいただいたバスローブ。最初に住んだアパートは、とてもバスローブを着るような部屋ではなかったので「引っ越したら使うかも」と思って、仕舞っておきました。

数年後引っ越しをしましたが、やはりそのときも使うことはなく、結局「バスローブを使う自分」にしっくりこないまま、気付いたら黄ばんでしまっていました。

怒りなどのネガティブな感情も「いつか使うかもしれない」と思って大事にしまっている人がいます。

以前カウンセリングにいらっしゃった女性で、「ご近所さんに意地悪されたことが許せない」という人がいました。

その人は、「何軒先の○○さんが町内会の集まりでこんな風に言った」、「お向かいの××さんは一緒になって私のことを馬鹿にした」と、そのときの様子をありありと語って、イヤな感情を自ら思い起こしていました。

「許せないんです。どうして私がそんなことを言われなくちゃいけないんですか……」

ひとしきりお話をお聞きしたあとで、私はこんな風に尋ねました。

「もしかして、その感情を忘れないようにしないといけないと思っていますか？　将来役に立つ日のために？」

「どういうことですか？」

「たとえば、**いつかその人たちに思い知らせたい、私が傷ついたことをわからせたい、謝ってほしい**というようなことです」

「はい……。それは思っています」

彼女は、自分を傷つけた人たちが許せないという感情が苦しくて、「忘れられたらどんなに楽だろう」と言っていました。

それなのに、何故かなかなか手放そうとしていないように感じられたので、「いつか使うかもしれない」という気持ちをお持ちなのかな……と思って聞いてみたのです。

そして、さらに質問しました。

「その人たちに、自分がどんなにつらかったかを切々と語り、謝ってもらっている様子を考えたとき、そういうご自身を自分らしいと思えそうですか？　そうなることを目指して、これからの時間を費やしていっても大丈夫ですか？」

ちょっと難しい質問だったと思います。即答を期待したわけではありません。じっくりと考えられたその女性は、

「そんな人生の目標はイヤですね……」とポツリとおっしゃいました。

イヤな感情の中でも、特に「怒り」にまつわるものは大きなエネルギーになります。しかし、その**怒りのエネルギーを復讐や報復の方向に向けても、心がスッキリと片づくような納得のいく結果は生みません。**

人生において衝撃的なことやドラマチックなことが起こると、その稀少さに目を奪われて「特別なこと」というラベルを貼ってしまいがちです。いつか役立つ機会のためにとっておこうと、その気持ちを忘れないように何度も反芻《はんすう》します。

生活を生き生きさせ、あなた自身をワクワクさせてくれるものなら、それを大事に愛《め》でてニヤニヤすることも悪くないでしょう。

ですが、もしもそれが自分を苛立《いらだ》たせたり、つらくさせたりするものであるなら、いくら希少であっても心のゴールデンゾーンに置いておく必要はありません。

ネガティブな感情を必要以上に大事にとっておくのは自分を苦しめることになります。

「いつか使うかも」と思ってなかなか手放せなかったら、まずは先にお話ししたように心の保留ボックスに移動させてみてください。

「未来の保険貧乏」になってはいけない

「怒り」に関して少し触れましたが、「不安」についてはどうでしょうか。

いつの頃からか社会人の勉強ブームが取り上げられるようになりました。その傾向は、一世代前の人脈を広げるための異業種交流会やスキルアップのための学習会に留まらず、資格取得や起業、個人ビジネスに繋がるものが増えているそうです。「いつか役に立ちそう」な勉強に時間を割くことで、漠然とした将来への不安に対処しているとも考えられるかもしれません。

「このままの自分では、幸せな未来が待っているとは思えない」
「何かしなきゃと思って焦る」
「この先どうなるんだろうと不安で仕方がない」

将来に備えようとしていること、それはあなたが前を向いている証拠だと思います。

過去を振り返るよりも、これから訪れる未来についてはまだまだできることがあります。その前向きなエネルギーは決して悪いことではありません。

しかし、**現実を把握せずにただひたすら将来のリスクに対する保険をかけることで、あなたの心は整っていくのでしょうか？**

空間の整理と照らしてみると、気付くことがあります。

多くのお宅で見られるキッチンの戸棚や洗面所の引き出しの「安かったからとりあえず買っておいたストック」や、押入や納戸を占拠している「いつか使うかもしれないシリーズ」と「欲しい人がいたらあげようと思ってるセット」は、いわば生活の中での「保険」です。

すべてが無駄になるわけではありませんが、残念なことにそのほとんどは、自分の出番を待ち続けてくたびれてしまうことが多いものです。

本来なら、今の暮らしを快適にするための場所が、不安や焦りを一時的に消し去るためのもので埋め尽くされているとしたらどうでしょう。

とにかく**溜め込むだけ溜め込むという状態では、不安も焦りも消えないどころか、いまを心地よく過ごすこともできません。**

片づいているお宅では、ストックや保管しているものがしっかり把握されているという特徴があります。

単純に「モノを持たない」ということではなくて、今あるものを「ちゃんと使い切る」「しっかり活かす」という姿勢です。

現実の暮らしや生活スタイルを捉えつつ、自分の理想とする空間作りを期待しながら本当に気に入ったものや必要なものを少しずつ揃えていく。そんなモノとのつき合い方は素敵だなと感じます。

人間は一日のうち三分の一は上の空で心ここにあらずという状態にある、という心理学の研究データがあります。

空想の内容が未来を憂うものか楽しい想像であるかにかかわらず、そうした**物思いにふけっている状態より「目の前のことに集中する」ほうが幸福度を上げる**のだそうです。

不安や焦りは「今を見ない」ことでどんどん大きくなります。100メートル先だけ見ていて、自分の足元を確認しなかったら、越えられるはずのささいな段差につまずくことすら起こりえます。

今、自分の目の前にあることに集中し、手にしているものを確認することで、不安を減らすことができるのだと思います。

正しさよりも「使いやすさ」、効率よりも「思いやり」

片づけを仕事にしている人たちに話を聞くと、みんながみんな、元々片づけが得意だったわけではありません。得意ではないからこそ、片づけがしやすいように自分なりのやり方（または、クライエントさんに合わせたやり方）を工夫しています。

片づけが苦手だった人たちが、どうして片づけられるようになったのか。

そこには一つの分岐点があります。

以前は「どんなやり方が正しいか？」と自分の外側に正解を求めていたところから、「自分にはどんなやり方がしっくりくるか？」と自らの価値観や使いやすさとの調整を始めたのです。

たとえばファイリング一つとってみても、そのやり方に正解があるわけではなく、うまくいく方法は人によって本当に様々です。

五十音順にラベリングして並べるのがやりやすく、「あ」から順番にファイルが並んでいる様子を見て快感を覚えるという人がいるかと思えば、五十音順ではファイルを戻すのが面倒くさいので、使ったファイルは一番左に戻すというルールにしている人もいます。

後者の場合は、よく使うものが常に左側にあるという状態です。

他にも、**自分の心のつぶやきをラベル化**している人もいます。

たとえば「やらないとモヤモヤするんだよね」と思う種類のものについては、「やらないとモヤモヤするもの」と書いたラベルをそのファイルや引き出しに実際に貼ります。その人にとってはそれが一番フィットするわけです。

私がライフオーガナイズの考え方の中で特に注目したのは、その仕組み作りにはその人なりの価値観や特性を見つめることが必要だということです。

当たり前のようですが、これまでは、片づけ方には王道のような正解があって、その通りにできればうまくいくし、そうできない人は片づけのできない人というレッテルを貼られる――そんな感覚をもっている人が少なくなかったはずです。

快適だと感じる暮らし方やモノとのつき合い方、自分の生活において本当に大切にしたい価値観は人それぞれ違って当然です。

だからこそ、個人の価値観を明確にして「仕組み作り」をサポートすることがライフオーガナイザーの役割になります。

また、**単純に効率だけを追求することも、快適な仕組み作りになるわけではありません。**

たとえば、

「家族が多くて、モノもゴチャゴチャしている。本当はもっとスッキリした部屋で家族でゆったり過ごしたいのに！」

↓そのためには、子どもたちにいつも〝あれどこ？〟〝これどこ？〟と聞かれない仕組みが必要
↓子どもに手伝ってほしいものは子どもの手の届く場所におく、子どもにもわかりやすいラベルをつける

といった具合に、ちょっと手間がかかるとしても、相手の目線から見て行いやすいことやストレスを少なくする思いやりが大切になるのです。

自分だけの「心のカスタマイズ整理法」を作る

心の中を片づけるときにも同様のことが言えます。

「何が正しいか」という答えを周囲に求めて、それに合わせて自分を整えようとしているときには、窮屈さや居心地の悪さを感じることになるでしょう。

答えは自分にフィットするようにいくらでも変更していいのです。

たとえば、なんだか気持ちが落ち込み気味だなと感じたとき、つらい気持ちを誰かに話し、聞いてもらうだけでスッキリするという人もいるでしょうし、誰にも会わずに一人で家に引きこもり、黙々とマンガを読みふけることで気持ちが上向きになる人もいるでしょう。

仕組みを作るポイントは、自分に合ったやり方を模索し続けることです。

誰かの基準で考えられた「正しさ」や「効率性」よりも、自分ルールとも言える「使いやすさ」や「思いやり」をちりばめることで維持しやすくなります。

ただ、片づけ方に正解はないとは言うものの、人は「なんでも自由にしていいですよ」と言われると、逆に不自由に感じるようです。何の手がかりもなしに欲しいものを探すのは難しいことですし、選択肢が多すぎると選びにくいというのは心理学の実験でも実証されています。

ですから、これからお話ししていくアイデアや考え方は、あなたの心を整えるためのヒントとして使っていただきたいと思っています。自分の使い勝手の良いように、いろいろ試しながらオリジナルな仕組みを作っていっていただけたら嬉しいです。

一度作った仕組みもいつでも変更してかまいません。

空間の片づけも、一度作った仕組みが環境の変化によって合わなくなることがあります。

同じように、心の片づけ方もときどき点検して、使いやすい方法にアップデートしてください。

何が自分らしく生きるために効果的なのか。

「我が家ではこんな片づけ方が役に立っています」という空間の片づけアイデアのように、そのうち「これが私の定番！」と言える心の片づけアイデアがストックされていくと思います。

Part 4　過去への執着を手放す

「いまの自分」を大切に生きるということ

前章まで心を片づけるプロセスをお話ししてきました。
ここからはもっと細かい部分、特に私たちを悩ませる「過去」と「他人」に関する心の荷物の対処法について考えていきましょう。

「過去と他人は変えられない。変えられるのは自分と未来だけ」

「過去」と「他人」というのは、私たちが変えることのできないものの代表格。それなのに（それだからこそ）私たちの抱える悩みのほとんどは、「過去」や「他人」に向いています。

「あのとき、あんなこと言わなければよかった」

「昔からもっとしっかりやっておけばよかった」
「あんなひどいことがなければ、もっと幸せだったのに」
「こんな裏切り、許せない！」
「この人さえ変わってくれたら丸く収まるのに」

過去を変えたいと思っても、タイムマシンに乗ってやり直しに行くわけにはいきません。

他人に変わってほしいと思っても、強制的にコントロールできるわけではありません。

過去や他人に対してネガティブな感情を募らせることは、自分の心の中に使えないものを溜め込んでいくことになります。

ここから抜け出す鍵は、「いま」と「自分」にあります。

役に立たないものばかり持っていても暮らしやすくならないように、自分にコントロールできないものを追いかけていたらいつまで経っても心の中は片づいてはいきません。

「私は自分の生活をコントロールできている」という手応えをしっかりと感じられる場面が増えることで、心は整えられていくのです。

「変えられるのは未来と自分だけ」。未来とは「現在」の積み重ねです。

昨日の自分よりも今日の自分がちょっとだけ変化できたら、その先に続く未来が変わります。

取り戻しようのない過去への執着や、まだ見ぬ未来への不安や、コントロールできない他人への苛立ちを手放して、「いまの自分」の生き方を大切にする方法を見つけましょう。

過去を手放す3つの方法

過去に自分がしてしまった失敗や誰かから言われた心ない一言が思い出されて、頭の中をグルグルするようなことはないでしょうか？

過ぎたことをいつまでも考えていても仕方がないなんて百も承知。イヤなことを思い出して時間を無駄にするのも、したくてしているわけじゃない。だけど、どうやって止めたらいいのかわからない……。

私自身もそんなループに入ってしまったこともありますし、これまでそんなクライエントさんたちとも数多く関わってきました。


忘れられないつらい記憶は、あるときフッと頭をよぎるかもしれません。いつどんな風にそれがやってくるのかは自分でコントロールできることではないでしょう。でも、重要なことはその「フッとやってきた」ときにどうするかという選択なのです。

あなたには、その記憶のしっぽを掴んでしばらく留めようとすることも、そのまま行かせてしまうことも選ぶことができます。

つらかったあれこれを片づけたいと思っているにもかかわらず、なかなか手放せない人は、フッと頭をよぎった記憶を思わずギュッと握ってしまう習慣を持っているのでしょう。

そんなときに役立ちそうな3つの方法をご紹介します。

❶「おかげさまポイント」を見つける

「過去に大きな失敗をしたせいで、私はいまだに自信を持てない」
「交通機関が遅れたせいで、私は約束に間に合わずに信頼を失ってしまった」
「Wさんにひどいことを言われたせいで、私は誤解されて仲間はずれになった」

私たちがイヤな記憶について思い返すとき、つい「○○のせいで」という言葉を使ってしまいがちです。

「○○（A）のせいで」と考えていると、そのイヤな思いをなかなか手放すことができません。なぜなら、**「Aによって（コントロールされて）Bという私になった」という筋書きは、「私にはなんの選択権もなかった」という心理になる**からです。

Aのせいで　⇩　私はBになった。

これを違う言い方にしてみたいと思います。

「○○のせいで」を「○○のおかげで」と言い換えてみてください。

Aのおかげで　⇩　私はB'になった。

いかがでしょうか？

言い方を変えただけなのですが、ここには自尊心というか「私の選択権」が生まれた感じがしないでしょうか？

Aについて、「私がどれほどの影響を受けるのか」を決めるのは自分の選択です。

また、無理にでも**「○○のおかげで」と言ってみると、続く言葉が変わってきます。**


「過去に大きな失敗をしたおかげで、私は同じ失敗をする人の気持ちがわかるようになった」

「交通機関が遅れたおかげで、私は時間に余裕を持って行動するようになった」

「Wさんにひどいことを言われたおかげで、私はコミュニケーションを学ぶようになった」

どのような出来事にも、必ず「おかげさまポイント」があります。苦痛に感じるような出来事からでも、何かしら学んだり、影響を受けたりしていることがあるはずです。

そのポイントを見つけるときに、言葉の力を借りて、とりあえず「○○のおかげで」と言ってしまうのは一番手軽な方法です。

「おかげで」と言ったら、そのあとにはネガティブな言葉を続けにくいものです。おかげさまポイントが見つかると、そのうちに「今となっては感謝だなぁ」と思えるときがやってきます。

感謝できるということは、もうその過去からのとらわれが薄らいでいるということです。

❷自分の手のひらを見る

過去にはいろんなことがありました。いいことも、つらいこともありました。それらはいったん脇に置いておいて、今あなたが手にしているものに目を向けてみるというのが「自分の手のひらを見る」の意味です。**過去はどうであれ、現在のあなたが手にしているもの、自分の手の中にあるものを数えてみる**のです。

あるパーティで出会ったレストランのシェフが、私がカウンセラーだと知ったから か、こんなことを話してくれました。

「実は、一年ほど前に離婚したんです。二歳の子どもがいましたが、親権は妻がとりました。それだけではなく、住んでいたマンションも持っていた車もほとんどの貯金も、すべて妻に持っていかれてしまいました。

極めつけは、同じ頃、任されていたレストランのチーフ職も辞めなくてはならなくなったことです。いけないのは自分なのですが、しばらくはすごく落ち込みました。

でも、そこから気付いたんです。

自分が蓄えてきた食や料理に関する知識は、彼女には持っていくことはできないし、シェフとしてのこれまでの経験や技術は、誰に何をされようとも自分の中からはなくならないし、僕の中にある料理の新しいレシピは、誰も盗み出すことができないんですよね。

僕は、**持っているものを全部なくしたと思っていたけれど、誰にも奪うことのできないものがあるって気付いたんです。**

どんなに落ち込んでいてもお腹は空くし、有り難いことに自分は健康です。これだけのものがあったら、まだまだ頑張れるなって最近は思えるんですよ」

この男性にどんな経緯があったのか詳しくは知りません。理由はどうであれ、つらくて打ちのめされたような日々を送っていたことがわかります。

そして、そんなつらい日々から回復するために、彼自身が「いま持っているものに気付けた」効果はとても大きいもののように感じました。きっと、私に決意表明をすることで、やっと前向きになれてきた自分をもっと強く支えたかったのでしょう。

人生の嵐のまっただ中にいると、なんだかすべてを失ってしまったように感じることがあります。いろいろなものが自分から無理やり剥ぎとられていくような痛みに、気がおかしくなりそうになるときもあるかもしれません。

そんな嵐に吹き飛ばされて自分を見失ってしまわないようにするには、いま自分の手の中にあるものを数えてみることが役立ちます。

あなたの手のひらには、どんなものが握られているでしょうか？

- **話を聞いてくれるパートナーがいる**
- **元気に笑っている子どもがいる**
- **故郷には心配してくれる両親がいる**
- **すぐに連絡できる友達がいる**
- **○○のキャリアを持っている**
- **△△のアイデアを持っている**
- **健康で過ごせている**

こんな風に、いま持っているものにフォーカスしてみましょう。

そっと手を開いて眺めてみてください。固く手を握って奪われないように守らなくても大丈夫です。

「ああ、私はこんなに持っているんだ」と自分の持ち物を確認できると少し心が落ち着きます。こんなに持っているのだから、イヤな記憶くらい手放していいかも……と思えたら、心が片づき始めた証拠です。

❸「お役立ちステージ」をイメージする

過去を手放す3つめの方法は、「お役立ちステージ」をイメージすることです。つらい経験をネタにして、人の役に立つことを想像するのです。

このイメージは「妄想」でかまいません。**いつかはこんなことができるかも、そのうちそんな日が来るかもしれない、と自由に心おきなく考えてみましょう。**

ただし、誰かをおとしめたり復讐したりするような想像は好ましくありません。

「お役立ち」とは誰かに喜ばれる、感謝されることです。

就職活動が全然うまくいかなくて逃げるように海外留学をしたけれど、うまくコミュニケーションがとれずにつらくてすぐに日本に帰ってきてしまった。

こんな経験が役に立つのは、いったいどんな場面でしょうか？

たとえば、自分の子どもが就職活動をするときに、当時の自分のことを話しながらアドバイスをしたら、それがすごく役に立って子どもを勇気づけることができるかもしれません。

あるいは、「現状から逃げる行動では結局うまくいかないんだよ」といった話を面白おかしく後輩たちに話し、落ち込んでいる後輩を上手に励まして、「先輩がいてくれて良かった」と言われるかもしれません。

時に人は、武勇伝よりも実感のこもった失敗談に心動かされるものです。

ライフオーガナイザー仲間のKさんは、パニック障害という、一見扱いの難しいと思われる「荷物」のお役立ちステージをイメージできたことで、見事に現実の生活を変えてしまった人です。

つらかった過去にどっぷり浸かって「どうして自分ばっかりこんな思いをするんだ

ろう」、「こんなに頑張ってるのになんでわかってもらえないんだろう」と、自分も他人も責めてばかりいた頃は、真っ暗なトンネルをうろうろして出口を必死に探していたことと思います。

その彼女が、「こんなジタバタした経験やしんどい気持ちを知っている私だからこそ伝えられることがあるんじゃないか?」という思いにたどり着いて、「誰かの役に立ちたい！　いや、立てるはず！」と心に決めてからの快進撃は目を見張るものがありました。

自らの経験をひもときつつ「心地よさは自然に生まれるものではなく、意識的に作り上げていくものです」と話す、思考と空間の整え方の極意はおおいに説得力があります。

いまでは「自分自身を受け入れること」と「人はいつからでも変われること」を等身大で伝えることのできる人気講師の一人になっています。

彼女が抱えていたパニック障害という「荷物」は、手のかかる厄介なモノだったに違いありません。

でも、あるとき**「これがあって良かったと思える大切なもの」**と、彼女自身が言っているのを聞いて感動しました。

こんな風に「過去の荷物のより良い活かし方」を見せてくれることは、同じような荷物を抱えて苦しんでいるたくさんの人たちを勇気づけるに違いありません。


起こった出来事をなかったことにするのは難しいことです。

でも、その出来事をどう捉えてどんな風に活かしていくのかという味付けは、いつからでも変えられます。

その**経験をどう料理してどんな風に活かそうかと意識が前に向かうことで、自分のコントロールできることに焦点があたるのです。**

お笑い芸人さんたちは、コンプレックスや過去のつらい経験をネタにして笑いをとり、多くの人に元気を与えています。何かつらいことが起こったときも「これでまたネタが増えた」と思える人はたくましいものです。

つらい経験を笑いに変えるのはハードルが高いことかもしれませんが、誰か一人にでも喜んでもらえることなら考えられるのではないでしょうか。

「お役立ちステージ」をイメージすることは、今まで邪魔だなと思っていた荷物の別の活用法を探求するスキルです。

トラウマ磨きをやめよう

カウンセリングを受けに来る人の中には、過去に深い傷を負っていて、「このトラウマを消せますか?」と尋ねる人がいらっしゃいます。

苦しみの原因のトラウマを消し去ってしまいたい、という気持ちはよくわかります。

「そのトラウマのために自分は生きにくいのだ」と感じているのでしょう。

しかし、私たちはそのつらい過去の部分だけを二度と思い出さないように消してしまうといった、都合の良い記憶喪失になることはできません。過去に起こった出来事をまるでなかったかのように取り除くことはできないのです。

私たちにできることは、「つらい記憶をどのように扱うか？」という対処法を選ぶことです。

ある20代の女性は、幼い頃に父親に恐ろしい顔で「捨てるぞ」と言われ、そのとき母親がかばってくれなかったことを深い傷として持っていました。それを何度も思い出しては、

「そういえばあのときも母親は見て見ぬふりをしていた」

「あのときも味方になってくれなかった」

あのときも、あのときも……と止まらなくなり、居たたまれない気分になってしまうのです。

元はといえば、幼い頃の父親との一件が原因です。そのクライエントさんはこれを忘れ去ることさえできれば幸せになれるのに、と思っていました。

なので、大人になった現在も、何かつらいことが起きると、そのトラウマ体験を持ち出して、

「こんな経験があるから私は○○できないんだ」

「あのとき○○じゃなかったら、きっとこんな風に感じることはなかったはずなのに……」

と、**現在起きていることもつらかった過去に結びつけて**考えていました。

トラウマが気になって仕方ない人は、「トラウマ」というラベルの貼ってある箱をいつでも目につくところに置くようにしています。

そして、**何か自分に不都合なことやうまくいかないことがあったとき、まるで万能薬が入っている救急箱のように、「トラウマ」ラベルの箱を開ける**のです。

「あのときも、あのときも」と次々につらい思い出をさかのぼっていくのは、箱の中に入っている一つひとつを手に取って、まるで愛おしむかのごとく隅々まで眺めるような作業です。

その結果、箱の中に入っているものたちはピカピカに磨きあげられていきます。

私たちがモノを整理するとき、たとえいらない（役に立たない）モノでも、習慣のように綺麗に磨き上げている場合、それを手放すのは困難なことです。逆に、しばらく見ることもなく放置されていたようなものは手放しやすくなります。
隅のほうでホコリをかぶっていたり、知らない間にサビが出ていたりするものは、もったいなかったなーと思いつつも、もう使わないものに分類しやすく処分対象になっていくでしょう。

トラウマを手放したいと思うなら、まずはトラウマ磨きをやめましょう。

「過去に傷ついたかわいそうな私」を救い出せるのは、「過去はいろいろあったけどいまは元気に生きている私」です。

トラウマ磨きに使っていた労力を今の生活に向けましょう。過去は変わらなくても、現在を変えることによって、過去へのこだわりは変化するものです。

あなたの記憶は正しいとは限らない

イヤな記憶は、何度も味わう必要はありません。じっくり味わってしまうと、その記憶はどんどん強化されてしまいます。

そもそも、私たちの記憶というのはあやふやなものです。

そのときの印象や思い込みによって、事実を捻《ね》じ曲げて覚えていることが少なくありません。

私の友人は、最初に言葉を発したときの記憶がありました。母親の押すベビーカーに乗り、スーパーに買い物に行く途中、突然「大根」と言ったというのがその記憶です。友人の母親はビックリし、「なんでママでもなくパパでもなく大根?」と思ったそうです。

ところがこの記憶、別の人のものだったことが後からわかりました。

私の友人は、その人から話を聞いてその状況をありありとイメージしたので、**まるで自分の記憶かのように脳に保管し、いつしか自分が言ったと勘違いしてしまったの**でした。

1990年前後のアメリカでは、「うつ」をはじめとする心理的問題の原因に、親からの虐待があったという記憶が捏造《ねつぞう》される事例が多く報告されました。

カウンセラーに「子どもの頃に虐待があったのでは？」と聞かれ、「ない」と答えても「それは抑圧があるからでしょう。しっかり向き合ってください」などと誘導されるうちに、本当に虐待されたような気になってしまうという事例です。

実際にそんな事実はなかったにもかかわらず、多くの人たちは鮮明で具体的な記憶を作り上げてしまいました。

このように、人から聞いた話を自分の記憶だと思ってしまったり、誘導によって新たに記憶を作ってしまったりというのは、それほど珍しいことではありません。もしかしたら、私たちが「自分の幼い頃には……」と思い出して話している記憶も、事実として正しいかどうかはわかりません。

考え始めるとちょっと怖い気もしますが、繰り返し話すうち、様々な脚色がなされて、それが次第に事実なのかそうでないのかがあいまいになり、もう何が事実だったのか知るよしもない――という可能性もあります。

とすれば、重要なのは、**その記憶が正しいかどうかより、今の自分にとってどういう意味を持っているのかに注目すること**ではないでしょうか。

つらい記憶だとしても、「あの出来事のおかげで成長できた」、「あの出来事のおかげで、素晴らしい人に出会えた」と思えるなら、ポジティブな意味を見つけたといえます。

その体験を経た意味を感じながら今の自分にフォーカスすれば、つらい記憶自体もやわらいでくるかもしれません。

記憶は作り替えられることがあるし、上塗りもされるのです。

「嘘の記憶」などという最も必要のない荷物に現在の生活が苦しめられることになっ

ているとしたら、それはあまりにも不幸です。

ネガティブ体験は「分解」して「分別」する

押入の中や部屋の片隅に、ゴチャッとした片づかない固まりを目にすることはないでしょうか。いろんな種類のものが混在しているガラクタの山ともカオスとも思える固まりです。

処分しようと思い立っても、なぜか何も考えずに全部まとめてゴミ袋に入れるのは気が引けます。そんなことができるのであれば、そもそもカオスにはなっていないわけです。

カオスとなっている固まりを一括りに捉えているとなかなか片づきません。

なんとかしようとして、しばし眺めて立ち尽くし、結局は見なかったことにして押入の扉を再び閉めることを繰り返します。これではいつまでもスッキリできません。

私たちはネガティブな出来事に遭遇したとき、このゴチャッとした片づかない固まりと同様に捉えてしまうことがあります。**すべてまとめて〈イヤなこと〉とか〈面倒なこと〉とか〈思い出したくないこと〉というラベルを貼りたくなる**のです。

パーフェクトを目指して準備してきた会社のプロジェクト。もし、そこでちょっとしたミスを犯してしまったら、どうでしょうか。

もうすべてが台無しになってしまったように感じて自己嫌悪に陥りプロジェクト全体を失敗だと捉えてしまったり、ある人から自分の気にしている痛いところを批判されたら、その人はいつでも批判的で攻撃的なことを言ってくる人なんだと見るようになってしまったり……。

ネガティブな印象で一括りになったゴチャッとした固まりは、そのまま心のどこかに溜められていきます。そして、どんどん処分しにくくなります。

片づけのプロセスに「分ける」という要素がありましたが、モノを処分するときにも分けることは重要です。

ゴミを分別するというのは、ゴミの行き先を分ける作業です。可燃か不燃か、資源にできるのか、大型で特別な手続きが必要か等、どこへ手放すのかを決めるわけです。

分別をしやすくするためには分解します。

たとえばペットボトルのラベルを剥がしたり、キャップを別にしたりして、これはこっち、あれはあっちと、一つのものでもバラバラにします。

また、全部を処分せずに必要なところはとっておくという分解もあります。

手芸をしている人などは、洋服を処分するときに使えそうなボタンは外してとっておくとか、生地をパッチワーク用に切り抜いて残りは捨てる、というようなことをするでしょう。

ゴチャッとしていた固まりを分解してみると、全部〈イヤなこと〉や〈面倒なこと〉だと思っていたことの中から、実は役に立つことや貴重なものが見つかったりするかもしれません。

分けてみると、どう手放せばいいのか、何が捨てるべき部分で何が活かせる（役立

つ）部分になるのかがわかりやすくなるのではないでしょうか。

たとえば、仕事でのプロジェクトの失敗は、

- **周囲からの期待と評価**
- **自分のした良かったこと**
- **悪かったこと（足りなかったこと）**
- **今回のことから学んだこと**
- **これからに活かせること**

などに分けられます。

周囲がどんな風に思っていたのかは今やわからないことですし、これからも自分の力でコントロールできることではありません。

しかし、やった人でないとわからない経験や気付きは重要な資産です。それまでまとめて処分してしまうことはもったいないことです。

批判的なやりとりにおいては、

- **起こった事実**
- **相手の捉え方**
- **相手の言動**
- **自分の捉え方**
- **自分の言動**
- **相手の感情**
- **自分の感情**

などからできているのではないでしょうか。

相手が何をして何を言ったかばかりを反芻《はんすう》していると許せない気持ちが募ります。

しかし、**起こった事実の中には、それをキャッチすることで自分の成長の糧となるものも混ざっている**かもしれません。

貴重な気付きを拾っておくことができたら、この経験についての捉え方も変化するでしょう。

ゴチャッとしていたりモヤモヤしたりしてなんだか厄介だなと感じるものは分解してみましょう。

分解することによって、「変えられないこと」と「変えられること」が見えてきます。

「変えられないこと」と「変えられること」が分別できると、心の荷物が片づきやすくなるのです。

人生ストーリーにシンデレラ曲線を描こう

この章では、手放しにくい荷物の一つである、過去の取り扱い方についていくつかご紹介しました。

仕事柄、クライエントさんの心の中を覗かせていただいていると、実は「過去は変えられないということはわかっている」という方が多いのです。

それにもかかわらず、常に心のゴールデンゾーンに過去の記憶を並べていつも眺めていたり、トラウマ救急箱を用意されていたりする方は少なくありません。

私はそんなとき、「つらい過去ではあるけれど、大切なので捨てられない（捨てたくない）」と感じていらっしゃるのかな……と推察します。

捨てたくない過去なら無理に処分しなくてもいいでしょう。つらいものでも悲しいことでも、本人にとって〈特別なもの〉を手放すのは簡単なことではないからです。

しかし、だからといって「あんな経験をした自分が幸せになるはずがない……」と過去になぞらえて、これからの人生を犠牲にするべきではありません。

手放さないと決めたけれど今はあまり役立たないものなら、とりあえず納戸の奥や使いにくい床下収納にでも思い出スペースを設けておきましょう。

重要なのは、その過去の荷物にこれからの自分がコントロールされないことです。

あんなことがあって良かったと肯定することはなくても、あんなことがあったからこそいまの自分になれたと思うことはできます。そのための人生ストーリーを自分で描くのです。

私たちの人生にはときどきドラマのようなことが起こります。

その一つひとつは独立した短編集ではなく、続編だったり、スピンオフだったりと、なかなか終わりの来ないシリーズもののようです。最終回はずっと先。

主人公がいろいろな経験を経て、どんな風にたくましくなっていくのか、考え方がどう変わるのか、その脚本を決めるのはあなた自身です。

カート・ヴォネガットというアメリカの作家が提唱した「シンデレラ曲線」と呼ばれる物語を作るときの手法があります。

「シンデレラ曲線」は感情の起伏を表したストーリー構成の基本で、シンデレラのお話が基となっています。

継母や義姉にいじめられてつらい思いをしていたシンデレラが、魔法で変身し、素敵な王子様と出会います。しかし12時で魔法は解け、シンデレラは元の生活に戻ってしまいます。そんなシンデレラを、ガラスの靴を手がかりに王子様が探し出してくれてハッピーエンドを迎えるという、誰でも知っているストーリーです。

感情が落ち込むことがあっても、次なる高まりがあるからこそ、多くの人たちがシンデレラの物語に心惹かれるのでしょう。

「シンデレラは継母や義理の姉たちにいじめられていました。そして何をやってもうまくいかなくて、一生そのまま不幸でした」などというお話だったら、誰も読みたくはならないはずです。

人生ストーリーの主演女優はあなたで、脚本も演出もあなた自身が選べます。大切にしまってあった荷物が邪魔になったなら、それを手放す場面も脚本に入れてしまうことだってできます。

過去のどんな荷物を抱えていようと、自分自身に「幸せになっていいんだよ」と言ってあげてください。

開いたときに、自分こそ一番ワクワクするような脚本を心に描いてみましょう。

Part 5　他者への執着を手放す

他者への執着を手放す3つの方法

私たちの悩みのほとんどは人間関係の問題です。他者との繋がりのない悩みを探すほうが難しいかもしれません。

「期待通りに動いてくれない」、「願っているような評価をしてくれない」、「したくないことを押し付けられる」、「信頼できない」、「協力的でない」、「束縛される」、「依存される」、「言うことに耳を貸さない」……など、数え上げたらきりがないほど、人間関係の悩みの種類というのは多種多様で複雑です。

そしてこれらの問題を根深くしているのは、**「他者を変えることはできない」という現実をなかなか受け入れられない**ということに尽きます。

私たちは、自分は他者から命令や強制をされたくないのに、相手に対してはこちらの期待するように行動してほしいと常に願っています。

冷静に考えられるときには、自分と他者はもともと違うし、いくら怒っても嘆いても相手を変えることはできないと理解できるでしょう。

それなのに、気が付けば**「あの人さえこうしてくれたら……」と思いを巡らせてしまっている。「あの人があんなことを言うから……」と誰かのせいにしたくなる。**

他者への執着というものは、なかなか手放すには手間のかかる荷物です。

ここではまず、そんな厄介な荷物に心の中が占領されてきたなと気付いたら試してほしい3つの方法を紹介します。

❶「人は人、自分は自分」と唱える

最も簡単にできるのは「人は人、自分は自分」と声に出して言ってみることです。

「どうしてあの人はああいうことを言うんだろう……」
「なんですぐに言った通りにやらないんだろう……」
「いつになったら気が付くのだろう……」

どれも、あなたの意識の中に転がり込んできた「荷物」です。気になって見過ごせない事態かもしれませんが、そもそもあなたが落としたものではないのなら、それを勝手に「自分のもの」にしてはいけません。確認すべきは、その問題の「持ち主」です。

心理学的にも、相手が解決しなければならないことと自分が解決する必要のあることを混同したり、相手の問題なのに肩代わりして主導権を持とうとしたりすることで、問題が大きくなってしまうと考えられています。

誰かの行動や言動がカンに障《さわ》ったり気になったりして、なんとかしたい気持ちがムクムクと湧いてくるときは、自分以外の人の荷物を自分のスペースに持ち込もうとしているときかもしれません。

自分に選択権のないこと、あるいは相手に選択権があることを、手の届くところで管理しようとすると、無駄な荷物で心の中が一杯になってしまいます。

そんな自分に気付いたら、まずは「人は人、自分は自分」と言葉にして唱えてみます。

実際に声に出して言うことがポイントです。自分の言葉を一番聞いているのは自分自身だからです。

親身になって相手のことを思っているのに、「人は人、自分は自分」と境界線を強くするなんてちょっと冷たいんじゃないか？　とお思いでしょうか。

でも、もしあなたが相手以上に熱くなっているのだとしたら、ご自身を少しクールダウンするためにも必要かもしれません。熱さとあたたかさは異なります。

自分が管理する必要のないものに自分の心を占領されていては、穏やかな生き方は手に入りません。

「人は人、自分は自分」という言葉を自分に聞かせて、自分の「持ち物」でないものはそっと持ち主に返す準備をしましょう。そして、その空いたスペースと時間は、自分のために使ってみてください。

❷背後の「目的」に視点を移す

他者と意見が異なって議論が白熱したり、納得のいかない説得にあったりすると、つい感情的になってしまいがちです。

たとえば、「子どもは褒めて育てることが大切よね」という親御さんと、「子どもはまだ何もわかっていないのだから、ちゃんと叱《しか》って育てなくちゃいけないでしょ」という親御さんがいます。子育てセミナーなどでよく出てくる話題です。

この両者が議論を始めたとしましょう。褒め育て派は、褒めることや褒められることの効用について説明し、叱り育て派は、叱る責任や叱ることと愛情の関係について語ります。

次第にエキサイティングしてくると、褒め育て派は、叱ることの危険性や体罰などの問題を引き合いに出し、叱り育て派は、褒められて育った子の甘さや打たれ弱さを責めるかもしれません。

やがては、「そんなことを言っているからあなたみたいな○○な親が増えて……」とお互いを罵《ののし》るような個人攻撃に発展する――かどうかはわかりませんが、このような「それぞれの正義」をふりかざす議論は、ずっと平行線のままですし、当然の結果としてイヤなモヤモヤを抱えることになります。

あなたの身近なところでも、些細《ささい》なことで、「どっちが正しいか？」、「誰が間違っているか？」、「どちらがどちらの言うことを聞くべきか？」などという小さな論争が繰り広げられてはいないでしょうか。

誰かと議論になったとき、相手の言い方や態度だけをじーっと見ていると、より一層腹が立ち、不快な思いが立ちこめてきます。

高圧的（に感じられるよう）な態度、意地悪（と思えるよう）な受け答え、断定的な（と受け取れる）表現、敵意に満ちた（ように見える）表情……。

そんなところにばかり注目していると、イライラや不快感が急激に増し、感情が暴走しやすくなります。思わず、勢いに任せて勝負に出てしまい、後で自己嫌悪に陥った経験のある方もいるでしょう。

よく「相手の気持ちになって考える」と言われますが、残念ながら私たちは自分以外の人の気持ちに「なる」ことはできません。

人は**自分のフィルターを通して物事を捉え、自分の関心と価値観によって意味を付けます。**人によってその捉え方も関心の領域も持っている価値観も異なるので、その人の気持ちに「なる」のは無理なのです。

しかし、ここでも「分ける」ことを使ってみると、「分かる」ことがあります。相手が関心を寄せていることや目的に注目するのです。

先ほどの事例で考えれば、「褒めて育てたほうがいい」という人は、

褒めることで「子どもの自己肯定感を育てたい」

↓「自己肯定感が育まれた子どもは自信をもって生きることができる」

↓「子どもにより良い人生を送って欲しい」

ということかもしれません。

一方、「親としてちゃんと叱ることが大事」という人は、

叱ることで「人に迷惑をかけない分別を学んでほしい」

↓「世の中のルールや常識を理解することは社会で必ず役に立つ」

↓「子どもにより良い人生を送って欲しい」

ということなのではないでしょうか。

こうやって分けてみると、**結局は両者ともに同じ山に登ろうとしていて、そのルートが異なっているだけ**だということがわかります。

スポーツの試合で、「集中して！」というコーチと、「リラックスしてやりなさい」というコーチがいます。どちらも「その人の持っているものを最大限に活かして良い試合をしてほしい」という思いからでしょう。

「暮らしはシンプルであるほうがいい」という人と「その人それぞれの好みと多様性があっていい」という人。一見すると対立する意見にも見えますが、背後にある目的を眺めてみると「快適な暮らしの追求」という共通項が見つかります。

あなたの心の視点を動かして、言い方や態度の背後に収納されている、相手の関心や目的を探してみましょう。

そして自分の関心や目的も再度確認してみましょう。共感するには至らなくても、相手の言い分が「分かる」ようにはなれます。分かる部分が見つかると、冷静さが戻ってきます。分けたら分かることがあり、分かると手放せることも増えていくはずです。

❸一歩近づく

3つ目は、自分から少しだけ相手に「近づく」というもの。

イヤだなと思う相手からは、ついつい距離を取りたくなってしまいがちでしょう。別にすべての人と親密である必要はありません。距離を遠ざけたり関わらない選択をすることで心穏やかに過ごせるなら、それも一つの方法です。

しかし、**どうしても関わる必要があり、なおかつ、相手に対する期待を手放しきれない人物なら、自ら その人に一歩近づいてみる**ことが有効に働くかもしれません。

こちらが一歩近づけば、相手が変わらなくても、両者の距離は変わります。距離が離れていると、かける声も大きくなります。するとモノ（情報）を渡すにも力一杯に投げつけるような状態になりやすいものです。その思わぬ強さに相手が引いている可能性もあります。それでは、なかなかこちらのリクエストをきいてもらったり、交渉のテーブルについてもらえるような関係は築けません。

近づいてみるというのは、具体的には、いつもより丁寧に挨拶するとか、こちらから連絡してみる、言葉をかける、穏やかに頷《うなず》く、などです。

何も「相手を好きになる」ということではありません。無理やり自分の感情を変えようとしなくてもいいのです。

これまでより少しだけ丁寧に、親切に相手と関わるだけで、不思議と関係が変化したという経験をした人たちは意外とたくさんいます。

それは、こちらが近づいたら相手が変わったというよりも、関係が近くなったら今まで気になっていたものが気にならなくなったということなのかもしれません。

またさらに不思議なことに、一歩近づいてみると、これまで断固として「嫌いだ！」と思っていた気持ちに変化が訪れたりもします。

その昔、ウィリアム・ジェームズという心理学者が「人は幸福だから歌うのではない。歌うから幸福なのだ」と言いました。**何か行動することによって（間接的に）感情が変わっていく**という考え方です。

口角を上げてこちらから「おはようございます」と挨拶してみる。
「何かお手伝いできることはありますか？」とひと声かけてみる。
「先日はありがとうございました」とお礼のメールを出してみる。

そんな風に「一歩近づく」ことで、何か自分の心に変化が生まれる可能性もあるのです。

「べき」という正義の荷物を押しつけない

あなたにとって「変わってほしい相手」は誰ですか。

頭に浮かぶ人は、家族や恋人、または上司や部下など、自分にとって近しい人ではないでしょうか。

どうでもいい人ではなく、自分の生活に大きく影響する「大切な人」。

私たちは、大切な人だからこそ放っておけないし、自分の理想に近づいてほしいと思ってしまうし、こんな人間であってほしいと期待してしまいます。

相手に期待を持つのは、よくないことなのでしょうか。

いいえ、そういうわけではありません。

大切な人や関わりを持つ相手に、こんな風になってほしいと考えるのは自然なこと

です。

特に、親や教師やマネージャーなどの人を育てる役割を担った人は、子どもや生徒や部下に対して「もっとこんなことができるようになってほしい」、「成長してほしい」と当然のように期待するでしょう。

気をつけなくてはならないのは、この「なってほしい」という期待が「ならないとダメ！」に変わり、「なるようにコントロールしたい」という思いが膨らむ可能性があることです。

そうなれば、強制、管理、支配などにシフトしていきます。

期待は2種類に分けることができます。

①「そうなってくれたらいいなぁ」という、純粋な期待
②「そうなるべきである」という、押しつける期待

①の「純粋な期待」なら問題は起こりません。
相手の立場からしてみると、期待されていることはわかっていても、**期待通りに行動するかどうかは自分の選択次第**です。「期待に応えたいな」と思って行動するかもしれませんし、しないかもしれません。

期待している側よりも期待されている側の選択の自由が認められている状態です。

問題になりがちなのは、②の「押しつける期待」です。

これは**相手の選択よりも、自分の〝正しさ〟を優先して考えている状態**です。

「あなたは私の期待通りになるべきだ（なぜなら、私は何が正しいかを知っているし、そうしておけば間違いないから……）」

「今できるようになっておくべきだ（だって、そのほうが将来困らないしあなたのためになるから……）」

このような押しつける期待は、何も相手が憎くてしているわけではなくて、どちらかと言えば相手のためを思う心から始まっているのかもしれません。なので、**「どうでもいい人」よりも「大切な人」に対して期待が膨らみやすい**のです。

「言われなくても自分から進んで宿題をやる子になってほしい」という期待が強くなって、「宿題なんだから、言われなくても当然自分からやるべきだ」という正義をかざせば、部屋でゲームをしている子どもを見る度についガミガミ言うようになるでしょう。

さらに「宿題もやらないようじゃ勉強だって遅れるし、将来きっと困ったことになるに違いない」という思いに突き動かされて、

「いつまでゲームしているの！　宿題やってからっていう約束でしょ？　守らないんだったら捨てちゃうからね！」

と脅したり強制したりします。親子関係は徐々にギスギスしたものになっていき、子どもは親の顔色をうかがうようになるかもしれません。

時には、「今やろうと思っていたのに……」としぶしぶ宿題に手を付け始めるかもしれませんが、ふて腐れながら始めた算数ドリルや漢字練習が頭に入るわけはありま

せん。

そんな様子にまたしても苛立ちを感じるあなたは「しっかり書きなさい」、「そんな字じゃ読めないでしょ」と口を出します。

「うるさいなー！」と鉛筆を投げつけながら、「お母さんがそういう言い方をするからやりたくなくなるんだよ」、「勉強ができないのはお母さんのせいだよ」と逆ギレした子どもにまた腹が立つという展開……どこかで見たことはないでしょうか。


大切な人に対して「あなたは私の期待通りであるべきだ」という態度をとるのは、自分が作り出した正義という荷物を、求めていない相手に押しつけることです。

「ゆくゆくは相手のためになることだから……」と、どんなに思っていたとしても、人は誰かに強制されることを好みません。**誰もが強い押しつけや支配的な物言いからは逃れたいと思う**のです。

そして、「あぁ、この人は自分の選択を許してくれない人なんだ」と認識すると、良くてその場しのぎの空返事か、ともすれば関係がどんどん悪化して、やがては断絶状態に突入することになります。

さきほどの親子のやりとりから、「いつもガミガミうるさく言われるくらいなら、友達の家のほうがいいや」と子どもがだんだん家に寄り付かなくなるにはそれほど時間はかからないでしょう。

私たちはみんな、自分の行動や考えは自分で選びたいと思っています。子育てに限ったことではなくて、夫婦の間や教師と生徒、上司と部下などでも同じです。コントロールしようとしてもしなくても、あなたの期待通りにはならないという結果は変わらないかもしれません。

ただ、変わるのは、**正義を押しつけた引き換えに「断絶した人間関係」という心地よくないものを仕入れてしまうか否か**です。

もしもあなたの欲しいものが「円滑な人間関係」であり、「信頼」であり、「協力」であるならば、いま強く握りしめている「〜すべき」という正義の荷物を脇に置いてみることから始めてみるのはどうでしょうか。

カンに障る人との「N対N」の法則

なぜだかわからないけれど好きになれない人や、不思議と反発したくなる人と出会ったこともあるでしょう。

特別な利害関係があるわけでもなく別に何をされたという訳ではないのに、どうもカンに障る人。ライバル意識を持っているのかいないのか、何かと目障りに感じる人。言っていることは正しいのかもしれないけれど「あなたからは言われたくない」と心の中でつぶやきたくなってしまう人――。

そんな人と対峙すると、私たちはバランスを崩しやすくなるようです。

心理学の中で**「受け入れられない自分」**や**「自分がなりたくないと思うもの」を心の影（シャドウ）として扱う**ことがあります。

心の影とは、あなたが「こうはなりたくない」と思っているような部分、言ってみれば、他人に見せたくないし自分でも見たくない、心の薄暗いところに隠しているもう一人の自分のようなものです。

そのもう一人の自分と似ている人が目の前に現れたらどうでしょう。

どうにか見つからないように隠れていたのに、その相手を通してふいに明るみにひっぱりだされたら困惑するでしょう。

いつかは何とかしたいなと思いつつ、見えないようにしまってあったイヤな部分にいきなりライトが当てられたら、苛立ちや不快感が込み上げてきてもおかしくはありません。

そう考えると、反発したくなる人というのは自分と似ているものを持っている人なのかもしれません。

自分と似ていれば、「きっとこうしてほしいと思っているんだろうな」とその人の傾向や気持ちが自然と推察できます。

しかし、**自分自身が満たされていないと、「絶対思い通りにさせるもんか！」とい**

う意識が働いてしまいます。自分に似ている人だからこそ、幸せ比べをしてしまいやすいのです。

こうして張り合うことや競い合う気持ちから、必要のない敵対心という荷物を増やしていくことになります。

私はそういう人との関係を「N対Nの法則」と呼んでいます。

磁石のN極同士は反発してどうしても向かい合えません。無理に近づけたり向かい合わせようとすると、大きな反発が起こって思わぬ方向にズレが生じてしまいます。

「ああ、あの人はたぶん自分に似ているんだな」と思うくらいで放っておくか、離れることができる関係であれば楽でしょう。N極同士が近づかなければ、大きなズレも起こりません。

でも、**もしも仕事や役割の関係で距離を置くことが難しいのであれば、敵対するのではなく、協力関係を結びましょう。**向かい合って押し合うのではなく、隣に並ぶのです。

似た者同士だとすれば、きっと行きたい方向もよく似ているはずです。ぴったりと寄り添うことはできなくても、NとNを同じ方向に向けてタッグを組むことができたら、そのパワーは倍以上になります。

そして、あるときとてもお互いの波長が合うことがわかって、他にはいない、気持ちの通じ合える人になるかもしれません。

自分のエネルギーの方向をどちらに向けるかは、あなた自身が選べることです。

他人の幸福度にコントロールされない

私たちはとかく人と比べてしまいがちです。

自分自身で「いま幸せかどうか」を感じるのは難しく、「あの人より幸せじゃない」「あの人よりはいい」と誰かと比べることで自分の幸福度を確認しようとします。

19世紀のフランスの小説家ジュール・ルナールは、

「人は自分が幸福であるだけでは満足しない。他人が不幸でなければ気がすまないのだ」

という格言を残しています。

それくらい私たちは、**自分と他者の幸福度（不幸度）を比べて、自分の満足感や安心感を上げようとする性質を持っている存在**なのかもしれません。

子どもの頃に読んだ『アンネの日記』の中で、新鮮な驚きを感じた箇所がありました。

ドイツ軍に見つからないように、隠れ家で暮らすアンネたち。誰かが塞いだ気分でいるとき、アンネのおかあさんは「世界じゅうのあらゆる不幸のことを思い、自分がそれとは無縁でいられることに感謝しなさい」と助言します。

それに対して、アンネはこんな風に考えました。

「自分自身のなかにある幸福を、もう一度つかまえるように努めるのよ。あなたのなかと、あなたの周囲とにまだ残っている、あらゆる美しいもののことを考えるのよ。そうすればしあわせになれるわ！」

アンネのおかあさんのアドバイスは、一般的なものかもしれません。「あの不幸な人たちに比べたら、私たちは恵まれていて幸せだ」と。

でも、14歳のアンネはそうではなく、幸せは自分自身の中にあると考えました。あ あ、こういう風に考えることもできるのかという気付きは私には衝撃的で、とても印象に残っています。

誰かと比べて自分の幸せを測るということは、周りの状況にコントロールされることになります。自分よりも不幸せな人が多ければ自分は幸せ、自分よりも幸せな人が増えたら自分は不幸せになるというわけです。

自分が持っているものは変わらないのに、周りの状況で（他人の頑張り次第で）、自分の持っているものが増えたり目減りしたりするというのは、なんとも不安定な評価です。

「そうは言っても、比較するものがないと自分の変化や成長を感じることができない」と考えるならば、**比べる相手には「昨日までの自分」を選びましょう。**

他者と比べて得られるのは〈優越感〉です。過去の自分と比べてできることが増えていたら〈有能感〉を感じることができます。

他人の幸せや不幸によってメモリが変わらない、自分自身のモノサシをしっかり携帯することが有能感や幸福感を増す秘訣なのではないかと思います。

幸福度は「自分のため」だけでは高まらない

人間関係で悩むと、「いっそのこともう誰とも関わりたくない!」と思うことがあるかもしれません。

私たちの人間関係の悩みを減らすには、なるべく他者に期待しないように距離をとり、必要以上に関わらずに過ごすほうがいいのでしょうか?

カナダのバンクーバーで行われた面白い実験があります。

通行人に声を掛けて、実験に協力してくれる人たちに5ドルの入った封筒を渡しました。

一つのグループの人たちには「今日の午後5時までに、自分への贈り物か、自分のための支出（たとえば家賃、支払い、または借金の返済など）のどちらかのためにこの5ドルを使ってください」というメモが入っていました。

もう一つのグループには「今日の午後5時までに、誰かへの贈り物か、チャリティーへの寄付のためにこの5ドルを使ってください」というメモがありました。

実際にそのお金を使ってもらったあと、それぞれの幸福感はどうだったかを調べるという実験です。

最初のグループの人たちは、自分で使うアクセサリーや自分が飲み食いするものを買いました。もう一方のグループの人たちは、家族や友達のためにプレゼントを買ったり、ホームレスにあげたり、誰かのためにご馳走を買ったということでした。

結果、**人のためにお金を使ったグループのほうが幸福度は高い**ということがわかりました。

これは、どの国でどの年齢を対象にしても、得られる結果は同じなのだそうです。

そしてお金の使い方だけではなく、

「これは××さんに似合いそうだな、喜んでくれるかな？」

「これってあの人が知りたがってたことだ！　早く教えてあげよう」

「今日は家族の好きなものを作って喜ばせてあげよう！」

と、自分の労力や時間の使い方についても、誰かの役に立つだろうと考えると、人は幸せな気持ちになれるのだと言います。


自分の利益を脇に置いて他者の利益を選ぶことを**「利他的行動」**と呼びます。

実は、昨今の脳科学の研究からも、私たちが「利己的」よりも「利他的」な行動を選ぶほうがより多くの幸せを感じるということがわかっています。

脳科学者の中野信子先生にお会いしたときに、他者からの感謝や承認を得ることで私たちの脳の報酬系というところが刺激されて身体によい影響が起こると教えてもらいました。

さらに、もし他者が喜んだり認めたりしてくれなかったとしても、人の脳には自分の行動を自分で評価する部位があるので、「よくやった！」「素晴らしい！」と自らの行動を肯定的に評価すると大きな快感を得られるといわれます。

つまり、利他的行動を選ぶことによって自分で自分の脳を喜ばせることができて、さらに他者が感謝してくれたりほめてくれたりすれば、そこに輪をかけて脳は快感を感じるわけです。

もちろん他者のことだけを優先して自己犠牲的に関わればいいというわけではありません。それでは自分が疲弊してしまうでしょうし、先に記したように、私たちは他者からコントロールされたくないので、親切の押し売りのような関わりは喜ばれない可能性もあります。

しかしそれでも、**私たちは幸せを感じるために他者との関わりを必要としています**。できれば、お互いを思いやって感謝し合い、お互いの脳に快感物質が溢れるような関係を手に入れたいのではないでしょうか。

そうすればきっとほとんどの悩みは乗り越えられるのではないかと思うのです。

究極の方法は「許すこと」

誰かを恨み続け、決して許さないということは、怒りの中で生きていくということになります。

いつも心のどこかでマグマのようなものがドロドロと渦巻き、ヒリヒリとした感情が沸き立ってくるような毎日は、常に肩の力が抜けずに自分を疲れさせ、穏やかでゆったりとした時間を幻のものとしてしまうでしょう。

「アンガーマネジメント」という言葉を聞いたことがあるでしょうか。アンガーマネジメントとは、「怒り」の感情とどのように付き合っていく必要があるのかを学ぶ心理教育です。それだけ私たちは、怒りの対処に手こずり、他者への恨みに執着してエネルギーを消耗することが多いということなのかもしれません。

そして、ポジティブ心理学の創始者の一人、マーティン・セリグマンは、**「許さないという行為で、加害者を直接傷つけることはできないが、許すという行為で自分自身を解放することはできる」**と言っています。

心の中、とりわけゴールデンゾーンに、「悔恨《かいこん》」「嫉妬」「憎悪」のような苦々しいラベルが貼ってある荷物が並んでいては、心地よいどころか日々生きにくさが増してしまいます。

許すというのは、過去のすべての出来事を水に流してなかったことにするわけではなく、また相手のしたことを正しいものとして受け入れるわけでもありません。

ただ、**心の中で硬くしこりのようになっていたこだわりを手放そうと決める**ことです。しっかりと梱包されていた重たい荷物の怒りの紐《ひも》をゆるめるのです。

私たちには、許さないという選択も、自分の正義のために怒るという権利も与えられています。

でもその一方で、あたたかで揺るぎない信頼関係の中で過ごしたいという思いが私たちの中から消え去ることもないのです。

他者への怒りや恨みを心に抱え続けることによって、わざわざ自分の人生を生きづらくしてしまわなくてもいいのです。許すことを受け入れても、あなたが損をするわけではありません。

許すことはけっして簡単なことではありませんが、許す（赦《ゆる》す）ことは究極の心の片づけのように思います。

Part 6　希望を見つけるために

目標を立てるのは得意ですか？

どこの書店でも大きくスペースを割かれるようになった自己啓発書と言われる種類の本。そのほとんどは「夢」や「目標」について書かれていて、「自分の夢をハッキリと描くことが大事なんですよー」「自らが立てた目標を達成することで人生が変わるんですよー」等々のフレーズが躍っています。

そんな熱い語りに触れる度に、

「私もみんなのように、心を熱くする夢を見つけなくっちゃ！」

と強迫観念に縛られたり、

「大した目標も持てずに毎日同じように過ごしている自分なんてダメだ……」

と自分にダメ出しをしている方はいないでしょうか。

もしかしたら「夢」とか「目標」と聞くだけで、すでに胸焼けを覚えている人もいるかもしれません。

でもこれだけ次から次へと、夢や目標に関する本が溢れているのは何故なのか？

私なりに考えてみると、理由は二つ。

一つは、昔に比べて、現在が夢や目標を持ちにくい世の中なのだということ。

私が生まれた昭和40年代初期は、高度経済成長の終焉前。その頃は、ほとんどの人にとって未来は明るいものだったそうです。

頑張って働けば経済的に豊かになるということを素直に信じられて、車やマイホームなどを手に入れるという理想のライフスタイルが提示されていました。キャリアにおいても、こんな大学を出て、あんな会社に入って、いくつで結婚して、子どもができて……と、誰かが描いてくれた成功への道筋にそってあまり悩むことなく進んでいる人が多かったのではないでしょうか。

しかし**今は、女性たちが手にしている選択肢も、働くにしろ、家庭を持つにしろ、その種類は多種多様。**どんな夢を見るのか、どんな目標を持って頑張るのかは個人に委ねられています。

見方を変えれば（人生の先輩方からしてみれば）それは自由になったということで

しょ？　と言えそうですが、人は「何でも自由に考えていいよ」と言われると逆に不自由さを感じるものです。
「どうなりたいの？」「何をやりたいの？」と聞かれても、選択肢が多くて迷ってしまいます。実際、自分のしたいことや目指したいものがはっきり描けている人は一握りなのではないでしょうか。

そしてもう一つの理由は、どれくらい語り尽くされても、そこに揺るがない真実があるためではないか、と思います。

良くも悪くも自分の思い描くように人生を作っていけるということ。
思いは私たちの内側から湧き出るということ。
自分の考えていること（だけ）が現実化すること。
願っているものを引き寄せること。
欲しいもののためには頑張れるということ。
目指すものがあると人は強くなれるということ。

どれも表現や切り口は違っても、「何を考えるか、何に価値を置くか」が、私たちの人生には大切だというメッセージとして繋がっているようです。

人は頭に思い描くイメージや、心にいつも抱いている思いに向かって過ごしています。逆に言えば、**想像できないものを目指すことができない**のです。

私たちは、まだ世に存在していないものでさえ、これまでに仕入れた情報の断片を切り貼りして自分の思うようにアレンジしたり作り替えたりする創造力を持っています。

今日はどんなものが食べたいかという近い将来から、いずれはこんな風に暮らしたいという遠い未来に至るまで、日々限りなくシミュレーションを繰り返して生きているのです。

夢とか目標というラベルが貼られなくても、私たちの内側には何かを願ったり期待したりする力が備わっています。ですから、大志が抱けないからといって落ち込む必要はありません。

心の中を片づけることの一番の効果は、どこかに隠れていた希望というお宝を再発見することかもしれません。この章では、あなたの中にもきっとあるはずの希望の見つけ方をご紹介したいと思います。

どっちの道に行けばいいの？

ルイス・キャロルの童話『不思議の国のアリス』の中で、道の分岐点に来たアリスがチェシャ猫に、

「私はどっちの道に行ったらいいの？」

と尋ねる印象的なシーンがあります。困り顔のアリスにチェシャ猫は、

「そりゃ、おまえがどこへ行きたいと思っているかによるね」

そんなつっけんどんな返事に、アリスは「どこだってかまわないんですけど……」

とつぶやきます。

すると、チェシャ猫は達観したようにこう言うのです。

「それならどっちに行っても同じさ」

カウンセリングやワークショップで、「○○で困ってるんですけど、どうしたらいいですか？」と聞かれるとき、私はついこの場面を思い出してしまいます。

もちろん「どうしたいかが決まってないなら、何をしても同じですよ」と冷たく言い放つようなことはしないのですが、チェシャ猫が尋ねた**「どこに行きたいか＝どうなりたいか」**は、とても大切な問いだと思うのです。

私たちの人生には、様々な「交差点」が存在します。

今まで通ったことのある慣れ親しんだ道ならいざしらず、人生における大きな交差点というのはだいたい初めて見る景色で、どの道を進むのが自分にとって最善なのか見当がつきません。

人ごみや立ち並ぶ高いビル群に囲まれて方向感覚を失っていると、つい「みんながあっちに進んでいるから」とか「こっちのほうが広くて通りやすそうだから」などの理由で道を選びそうになります。

しかし、そんな風に道を決めていたら、いつまで経っても目的地に近づけないばかりか、きっとそのうちに迷子になってしまいます。

問題を解決したいとき、イライラやクヨクヨを解消したいとき、自分を変えたいとき、**変化の鍵を握るのは、問題を乗り越えた先に、「こうなったらいいな」と思える希望があること**です。

その小さな希望が、どの辺りに光を当てるかによって進む方向が示されます。行きたい場所や目指すべき目的地があるからこそ、道を選ぶことができるのです。

おおまかな方向を決めてみる

「あなたは幸せになりたいですか?」

よほどひねくれている人でない限り、この質問に「NO」と答える人はいないでしょう。

幸せの定義は人それぞれ異なっているとしても、私たちは誰でも幸せでいたいし、より良く生きることに関心を持っています。

カウンセリングの中で使用する、ほとんどの人たちが「YES」と答える質問がいくつかあります。

「幸せになりたいですか？」
「健康でいたいですか？」
「愛されていると感じたいですか？」
「誰かの役に立っていると思いたいですか？」
「悔いのない人生を送りたいですか？」

「YES」と答えるということは、人生がどうでもいいわけではないということです。

具体的ではないかもしれないけれど、自分の人生に希望を持っているのです。

願望を具体的にすることは願望の達成率をあげるためには重要です。でも、もし具体的になっていなくても何もないよりはいいのです。

薄暗い林の真ん中でまったく先が見えずにどちらに進んで良いかわからなかった状態と、遠くてもぼんやりと灯る明かりが見つかった状態とでは大きな違いがあります。

また、カーナビに正確な住所を登録すれば最短ルートで行くことができるでしょうが、**人生は最短ルートだけに価値があるとは限りません。**

たしかに目的地がはっきりしなくて北か南かくらいのざっくりした方角だけを目安に進んでいると、遠回りをしたり、効率の悪い進み方になったりするかもしれません。

しかし、それでも歩みを止めずに模索していれば、思いがけない体験が新たな希望や理想を生むヒントになることもあります。

ぼんやりとでも、なんとなくでも、顔を上げて目指したい方向に進んでみましょう。

下を向いてトボトボ歩いていたり、目をつぶってじっとしていると、キャッチできるはずの機会も素通りしてしまいます。自分に素敵な刺激を与えてくれる人との出会いや胸躍る素晴らしい経験は、人生のどのタイミングでやってくるかわからないものです。

願望をオーガナイズしてみる

希望、期待、目標、理想、夢、憧れ、信念――。

私たちが心の中に保管している願いや欲しているものはいろいろと形を変えて表現されますが、ここではまとめて「願望」と呼ぶことにしたいと思います。

この願望こそ、先に述べた空間の片づけプロセスを使って整えると、これまでよりもずっと機能的で自分らしく過ごすために役立ちます。

また「オーガナイズ（organize）」は、組織化するとか、整頓するとか、準備して計画するといった意味のある言葉です。すっきりと直訳できる日本語がありませんが、「効果的に準備・計画・整理し整えること」の意として用いています。

では、片づけの4つのプロセス「全部出す」「分ける」「収める」「維持する」を復習しながら、特に2つ目の「分ける」の方法について見てみましょう。

まず、全部出す。

全部出すために、自分にこんな質問をしてみてください（図3参照）。コツは「いまから〝願望〟について書き出そう」と思わずに、**頭に浮かんだことやひらめいたことを自由に書いてみること、些細なことでも抽象的なことでも気にせずに出してみること**です。

一つと言わず、いくつでも書き出してみてください。

できれば、私のおすすめはちょっと大きめの付箋一枚に一つずつ書いていく方法で

図3｜自分の願望を出し切る質問の例

Q. いま(今日もしくは明日)したいことは何?

Q. 家族に望んでいるのはどんなこと?

Q. これからしてみたいことは?

Q. いずれこんな風になったらいいなと思っていることは?

Q. 毎日の生活がいまより楽になったら何をする?

Q. 明日一日自由に過ごしていいとしたらどうする?

Q. いまの生活の中で、本当はもっと大切にしたいことは何?

す。そのほうが後で分けるときに便利です。

また、他にも自分の願望に問いかける良い質問がたくさんあるはずです。心の声に耳を澄ます時間を持ってみてください。

書き出すことができたら、出て来たものを分けてみましょう。先の章でお伝えした「したい／したくない」のランクづけや「変えられる／変えられない」の分け方以外の分類法を紹介します。

❶「したいこと」と「すべきこと」を分けてみる

私たちは周囲の期待に応えようと努力することがあります。期待に応えられる自分でありたいと思うこともあるでしょう。

上司からの期待に応えて「頼まれた仕事は断らずにこなしたい」と思い、姑《しゅうとめ》からの期待に応えて「気の利く嫁でありたい」と思い、ママ友仲間の期待に応えて「いつも明るくて元気な人だと思われたい」と考えているかもしれません。

しかし、その期待がだんだん重くなって**「したいこと」ではなく「すべきこと」と感じるのであれば、それは願望ではなく義務や責任にシフトしています。**

たしかにその期待に応えることで、周囲には波風が立たないかもしれませんが、自分の心はあまり喜んでいないことをあなたは知っています。

「頼まれた仕事は断るべきでない」
「気の利く嫁でいるべきである」
「いつも明るく元気でいるべきだ」

したいこととすべきことの区別ができていないと、かけたエネルギーと得ている満足感がアンバランスになります。

間違ってほしくないのですが、したいことだけをしてすべきことにはまったく目を向ける必要がない、というのではありません。

すべきことの中にも、自分の見方や可能性を広げてくれる要素はありますし、役割を果たさなくてはいけない場面もあります。

大切なことは、**したいこと（願望）とすべきこと（他者からの期待）を分けて捉えること**です。

私たちは「したいこと」も「すべきこと」も両方抱えています。

もしもあなたが、頑張っているのに満たされないという状況が気になったら、着手する順序やバランスを変えてみましょう。

「すべきこと」だけをこなすのに精一杯で、自分の「したいこと」を放置している人、あるいは「したいこと」に目を向けるのに罪悪感さえ感じてしまうという人は、どんどん自分がすり切れているような気分になってはいないでしょうか。

「すべきこと」をいくらこなしても、自分にチャージすることはできません。**時には「したいこと」を選択して自分を満たすほうが、「すべきこと」の取り組みが加速します。**

逆に「すべきこと」がわかっていながら「したいこと」だけを優先していると、そのときは気分は良いかもしれませんが、穏やかな充足感にはつながらないでしょう。「すべきこと」の先送りは、後に大きなしわ寄せが来て、他者からの信頼や評価を損なってしまうことにもなりかねません。

したいこととすべきことが区別できていれば、自分の生き方や行動が選びやすくなるのです。

❷「したいこと」と「できること」を分けてみる

もう一つ、願望の整理をするときに、「したいこと」と「できること」を分けて考えるというのも大切なポイントです。

子どもの頃、「大きくなったら何になりたい？」と聞かれたときは、それができるとなのかどうかなど考えずに無邪気に夢や希望を語っていたと思います。

お花屋さんになりたい、幼稚園の先生になりたい、女優さんになりたい、キューティーハニーになりたい——。

「それいいなー」、「素敵だなー」、「カッコいいなー」と思ったら、純粋に「そうなりたい」と思うことが可能でした。


いつの日からか、「いいなー」と思うことと、「できるかなー」ということをないまぜにして考えるようになりました。

それは現実を知り、現実の厳しさを学び、現実的な答えを求められるようになったからかもしれません。それを「大人になった」という人もいるでしょう。


いつまでも夢物語を語れることがいいというわけではありませんが、あまりにも自分の可能性を低く見積もりすぎていては窮屈な生き方になってしまいます。

現実を知ることは大切です。でも、**できないと決まったことでもないのに、願うことさえやめてしまう人は、自分の価値を小さくしてしまっている人**です。

たとえば、カウンセリングのときに、「ご主人との関係をもっと良くしたいですか？」という質問に、「良くならないと思います」と答える人。

「仕事にやりがいを感じたいですか？」と聞かれて、「できないと思います」とおっしゃる人。

「ご自身の考え方のクセを変えたいと思いますか？」と尋ねられると、「無理だと思います」とうつむく人。

これらのやりとりで起こっているのは、**「したいか？」という質問に「できない」と答えを出しているパターン**です。

たしかに、これまでの経験に思いを巡らせてみると、できる可能性はものすごく小さく感じられるのかもしれませんが、最も重要なことは「したいか、したくないか」という軸です。

「したいこと」のすべてが「できること」になるわけではありません。

しかし、本当は「したい」のに「できない」と決めつけて（あきらめて）心の外に出してしまおうとしているとしたら、それは心の荷物の捨てすぎではないでしょうか。

「したいこと」というのは、あなたにだけわかる宝物です。大切なものまで手放しすぎて、殺風景な部屋になってしまわないように注意してください。

❸「したいこと」と「やめたいこと」を分けてみる

願っていることを尋ねられたとき、「△△をやめたい」「□□しないようにしたい」といった否定形の願いや希望が出てくることがあります。

願っていることには変わりないのですが、どうも私たちの脳の働きから考えると、否定形の願いというのは機能しにくいようです。

たとえば、「タバコをやめたい」といったとき、その人の頭の中には「タバコのイメージ」が浮かぶはずです。そしてタバコそのもの、あるいはタバコを手にしている自分の姿に×をつけて自分にブレーキをかけるのです。

同様に「お酒を控える」といったとき、頭に浮かぶのは「お酒」、「甘いものを食べないように」といったときは甘いものが思い描かれて、それらを避けようとする行動を選びます。

しかし、私たちの心は○をつけようが×をつけようが、**頭に思い描いているものに引き寄せられていくもので、やめたいやめたいと意識しているものを手放すことは苦難の道**です。

もし何かをやめたいとか、しないといった願いを叶えたいのであれば、そのことをやめた先に得たいことをセットにしておくと、望みが叶いやすいのではないかと思います。

「タバコをやめて、子どもたちともっと走り回れるようになりたい」
「お酒を控えて、人間ドックでチェックのつかない検査結果をもらいたい」
「甘いものを減らして、二年前のワンピースがすんなり着られるようになりたい」

など、**何かをやめることで手に入れたいことを具体的に合わせ持ってグルーピングする**のです。

空間を整えるときに、一緒に収納する仲間を決めることをグルーピングといいます。

使い勝手の良いように必要なものはそばにおいて一緒にしまうのです。ゴミ箱の中に替えのゴミ袋を置いておいたり、宅配便の伝票と梱包用のプチプチとガムテープを一緒のスペースに収納したりします。

「無駄遣いをしないようにする」なら、節約して何を手に入れたいのか、どんなときには買って良いのかを一緒に考えておくこと。

「文句を言わない」ようになりたいなら、文句の代わりにどんなことを言うのか、文句を言わないどんな人になりたいのか、をグルーピングしておくことをおすすめします。

「いま」を大切にすれば、偶然も味方になる

願望のオーガナイズによって、自分が本当に大切にしたいことや意識を向けたいことは見つけられたでしょうか？

忘れていた希望のかけらが見つかったとしたら、それはとてもラッキーなこと。でも、もしも大したものが見つからなかったとしても、がっかりする必要はありません。

キャリアカウンセリングの中で用いられる**「プランド・ハップンスタンス・セオリー」**という考え方があります。

ジョン・クランボルツ教授という心理学者が提唱したもので、**「夢や目標を明確に持てなくても、偶然の出会いやいま与えられていることを大切にすれば道は開けますよ」**という考え方です。

クランボルツ氏は、自身のキャリアは偶然によって作られたといいます。

彼には幼なじみのアランがいて、幼い頃は毎日一緒に遊んでいました。アランが転校してからは親交が途絶えるものの、数年後、自転車で近所を探検しているときに、偶然にも自宅の庭で一人遊んでいるアランに出くわしました。

こうして、二人は再び一緒に遊ぶようになります。特にお気に入りはアランの家の地下室でする卓球。そのうち二人は卓球を卒業して、アランのお姉さんのラケットを借りてテニスをするようになり、それぞれの高校のテニスチームで代表選手になるほどの腕前になりました。

大学でもテニスチームに入った彼はテニス三昧の日々を送ります。コーチとも仲良くなりました。

大学2年の終わり頃、それまでテニスに夢中だった当時のクランボルツ氏は、専攻を何にしたらいいかわからず困ってしまいました。そこで、テニスチームのコーチに相談しました。そのコーチは、偶然、心理学の教授でもありました。

「あと1時間で専攻を決めないと退学になってしまうんです！」と相談すると「それ

は心理学しかないでしょう」とコーチが言うので、クランボルツ氏は心理学を専攻することに決めました。

こうして、彼は心理学の道に偶然入り、心理学者となった……というのです。

ここには多くの偶然が重なっています。

もしも、テニスのコーチが心理学の教授でなかったら。

もしも、大学でテニスをしていなかったら。

もしも、アランの家に卓球台がなかったら。

もしも、あのとき庭にアランがいなかったら。

——そもそも、あのとき自転車で出掛けていなかったら。

そこを通り過ぎたときには何の関係性も見えなかった点と点の出来事が、あとから振り返ってみると計画されていたかのように、今の自分に繋がっているということがあります。

クランボルツ氏は、心理学者になることを目指して邁進《まいしん》してきたわけでもなく、**た**

だ偶然目の前に現れたことに好奇心を持って取り組んできた結果、自分でも予期していなかったキャリアを得ました。

実は私も、昔からカウンセラーになろうと決めていたわけではありませんでした。大学では心理学を学びつつも、サークル活動にばかり熱心で、当時はアナウンサーになりたいと思っていました。当然現実はそんなに甘くはなく、実際は小さな広告代理店に就職して主にコンサートやシンポジウムやスポーツイベントなどを企画する仕事をしました。

カウンセリングの勉強を本格的にするようになったのは社会人になってからですが、そのときもカウンセラーになろうという固い決意があったわけではなく、たまたま出会ったカウンセリングの理論が面白かったから、という理由だけで学び続けました。

しかし、今になって振り返ってみると、自分の人生のその所々の点と点が繋がって、自分のキャリアが作られていることがよくわかります。

サークル活動で発声練習をしたり司会やアナウンスのアルバイトをさせてもらったことは、いま研修講師として人前に立つときの自信に繋がっています。広告代理店でイベントの制作に携わった経験から、カウンセラーの集まる大きな会議や研修会では重宝がられました。

そして、心理学やカウンセリングを学びつづけていたからこそ、ライフオーガナイズという考え方に出会ったときに空間の片づけとメンタルヘルスの繋がりを感じられたのだと思います。

現在の仕事を自分ではとても気に入っていますが、またこの点が別のどこかに繋がっているのかも……と思うと、さらにワクワクします。

もちろん綿密な計画を立てることは悪いことではありません。

夢があり、その実現に向けて目標を掲げ、計画を立てることでモチベーションが高まる人たちは、その方法で突き進むことを選べばいいのです。

でも、もし人生の目標や将来のビジョンが明確でないのであれば、いま与えられていることに好奇心を向けてエネルギーを注ぎましょう。ないものねだりばかりしていては、偶然はなかなか味方になってくれません。

偶然の出来事に対して最善を尽くすことが幸運を呼び込む鉄則なのではないかと思います。

夢の実現のために自分の人生を使う生き方もありますし、人生の展開に合わせて夢を描くこともあっていいと思います。いつでも、いつからでも、夢や目標を持つ自由があります。

Part 7　「ご機嫌力」を高める心の片づけ習慣

自分の機嫌は自分でとる

せっかく頑張って大荷物を処分したり、大切なものをゴールデンゾーンに並べたりしてみても、毎日の忙しさにかまけてまったく手入れをしないと、いつの間にかリバウンド状態になる……というのは空間も心も同じかもしれません。

特に心の中というのは見えないので、ちゃんと整えたつもりでも、うっかりしていると散らかり始めたことに気付かなかったり、以前の慣れた状態に戻りやすかったりします。

自分で自分の気分を良くする日頃の行動アイテムを増やしておくと「ご機嫌力」が上がります。

「ご機嫌力」を上げておくと、心が散らかりにくくなります。

普段快適な感情を多く経験している人は、もし多少つらいことが訪れたとしても、いつもイライラ・クヨクヨしている人に比べるとダメージが少なくてすみますし、回復も早いものです。

「そんなことを言っても〝あのことが気になって〟ご機嫌になるようなことには手がつけられません」、もしくは、「家族に〝心配事があるのに〟自分だけご機嫌になるなんてできません」という人たちは、割とよくお見かけします。

〝あのこと〟や〝そのこと〟が、自分にコントロール可能ですぐできることであれば、それはそこから着手すべきです。

しかし、それが大きすぎて立ち向かえなかったり、自分にはできることがほとんどなかったりして、結局手をこまねいているのであれば、ぜひ自分をご機嫌にするための時間を選んでみてください。

別に逃げていることにはなりません。**重要なことに向き合うにはエネルギーが必要**なのです。

「ご機嫌力」は自分にエネルギーをチャージするための力です。自分の心の中によい気分や快適な空気を注ぎ込むのです。

ご機嫌力を高めておくことは、**大幅に心が乱れてしまわないように、あるいは散らかった状態から回復する勢いをつけるために役立ちます。**

Ｐａｒｔ４やＰａｒｔ５でお伝えした過去や他者への執着の手放し方を対処法とするなら、ご機嫌力を高めることはネガティブ状態に深く陥らないための予防法と言えるでしょう。

お気に入りのリフレッシュ法をストックする

気晴らしとかリフレッシュするといった活動を、何種類くらい持っているでしょうか？

「これをすると気分を変えることができる」という自分なりの気晴らし方法を持っておくこと、できれば時と場合によって選べるように数種類備えておくと、日常のセルフメンテナンスとしてとても効果的です。

たとえば、私は料理をすることでリフレッシュできます。

何を作るか決めるところから段取り、味付け、盛り付けまで「自分でコントロールできている感覚」が得られるのです。

実のところ、料理をすることは特別好きなわけでも得意なわけでもありません。でも、他者に依存せず、完成したときに達成感が味わえるという意味で、私にとっては気晴らしアイテムになっています。

同様に部屋の片づけをすることも気分転換になります。物理的にモノを捨てるというのはかなりスッキリ感もありますし、身軽になった感じがします。

もし引き出し一つでもキャビネットの一列でも空間を整えることができたなら、成果が目に見えるという点で気分の良さも持続します。

他にも、散歩に行く、好みのアロマをたいてお風呂にゆっくり浸かる、庭仕事や洗車や靴磨き……などなど、人によって様々なリフレッシュ法があるでしょう。

気分を変えやすくするコツは、自ら身体を動かすことです。

音楽が好きな人は、気分が高まる曲を聴くとかお気に入りのライブ映像を観るというのもいいのですが、それよりも自分が歌ったり、曲に合わせて踊ったり、楽器を演奏するほうがよりリフレッシュできます。

同様に、好きなファッション雑誌を眺める、マンガを読むというのは手軽ですが、気に入ったコーディネートのページを切り抜いてスクラップブックを作ったり、自分でマンガを描いたりして、能動的に動くほうが気分は大きく切り替わります。

自分なりのものをいくつかストックしておくと、気分を変えたいなと思ったときに効果的に対処できます。

時折、この役立つ行動アイテムの「ストック」が苦手な方がいらっしゃいます。

気分の悪いときには感情というセンサーが警告を発してくれるので、何がイヤなのかはわかりやすいのですが、**気分の良いときというのはその瞬間は快感を得るものの、意識しておかないとなかなか後から思い出すというのは大変**なのです。

ですから、自分のリフレッシュ方法をストックするためには、日頃の自分の気分の

良さをしっかりとモニターして、

「あー、自分はこういうときに気分が切り替えられるんだな」

「これをしていると自然と良い気分になれるんだな」

という行動アイテムを蓄えておきましょう。


ただし、**「食べる・飲む・買い物をする」は要注意**です。

手っ取り早い気晴らしの方法ではあるのですが、それ以上に望まない結果を招いてしまうおそれがあります。体重の増加、二日酔い、クレジットカードの明細など……。スッキリしたいはずが、余計なものを仕入れてしまう可能性が高い方法ですので、活用はほどほどに。

落ち込んだら、意識的に作業する

気晴らしには身体を動かすのが効果的だとお話ししました。

しかし、あるとき「すぐ落ち込んでしまいます」というクライエントさんに、
「どういうときに落ち込むのですか？」
と聞いたところ、
「掃除機をかけているときやお皿を洗っているときです」
と話されて、驚いたことがあります。

この女性は専業主婦でした。家事は身体を動かすことが多いものですが、そのほとんどはルーティンワークとなりがちです。

なので、**無意識にできるくらい慣れていることをしているときには思考が暇になり、ついネガティブなことを思い出したり考えたりしてしまう**のだなと、気付きました。

その証拠に、掃除機をかけているときはイヤなことが浮かぶけれど、お風呂のカビを落としているときにはそんなことは考えていられないそうです（カビ防止剤の取り扱いはちょっと緊張するためでしょう）。

また、食器を洗っているときは落ち込みやすくても、ガスコンロの焦げを削ってい

るときには落ち込まないというわけです。

慣れている行動は、身体の動きがあまりにも整理されていて、まるで無意識かのように行われています。

身体の動きがハードになったり、意識しなくてはならないことが増えたりすれば、それ以外のこと（このクライエントさんの場合は落ち込みの原因）を考える余裕がなくなります。

なので、**「無意識でもできる行動をしているときに落ち込んだ気分になってきたら、している行動を意識してみてください」**と伝えました。

たとえば掃除機をかけているときだったら、その動きをテキパキと速くするとか、タイムを測るとか、掃除機を動かす回数を数えるなどといった感じです。

通勤で使ういつもの道でぼんやり歩いているときに落ち込みやすいのであれば、いつもより早足で歩いてみます。道の角から角までを歩く歩数を数えるのでもかまいませんし、お腹に力を入れて優雅に歩いてみようと意識するのでもかまいません。

今やっている行動そのものに意識が向かうことで、ネガティブな感情がムクムクと現れてくるのを抑えることができます。


なお、誰もが落ち込みにくいアクションというものもあります。

たとえば、スキップやバンザイなどがそれに当たります。

やってみるとわかりますが、スキップやバンザイをしながら落ち込むのは難しいものです。たしかにこの二つは時と場所を選びますが、こんなアクションで気分を変えるという処方箋を用意しておいてもいいでしょう。

自分を元気にしてくれるメールフォルダを作る

片づけるというのは、いらないものを処分する、手放すというだけではなくて、必要なものや本当に大切にしたいものを生活に活かすということでもあります。

ご機嫌力を上げるためにも、お気に入りのものや自分を元気にしてくれるものを目につくようにしておくことは有効です。

たとえば、友達からのあたたかい気持ちの込もったメール、恩師からの励ましメール、お客様からの感謝のメール――それらをまとめて、自分を元気にしてくれるメールフォルダを作ってみましょう。

ぜひフォルダ名はあなたがピンとくる好きな名前にしてください。先にお話ししたライフオーガナイザーの「つぶやきラベル」のように、感覚的に名前をつけるというのも大事な作業です。

決して「フォルダ1」とか「A」とかいう名前にしないことが大事なポイント。事務的な名前では、ポジティブな感情を呼び起こすトリガー（きっかけ）にはなりません。

パソコンや携帯のメール以外でも、たとえば、「これを見ると嬉しくなっちゃう」という画像を集めて「幸せ気分になる画像♪」と名づけてもいいですし、頑張った仕事のデータファイルを集めて「よくやった！ 仕事集」を作ってもいいでしょう。

フォルダの中を丁寧に見なくても、そのフォルダ名が目に入るだけで、なんとなく嬉しい気持ちが湧き上がってきます。

無意識に目に入るものは、思った以上に心に影響しています。パソコンに向かってカリカリしながら仕事をしているときでも、無意識に目に入るフォルダ名がご機嫌な自分に一役買ってくれる仕組みは思いのほか役立ちます。

自分自身に感謝する

誰でも人から認められたり褒められたり感謝されたりすれば気分が良いものです。

しかし、人に褒めてもらうというのはいつでも手に入ることではありませんし、相手に「褒めなさい」と強制することはできません。

「私って褒められて伸びるタイプだから、褒めて褒めて！」

そんな風に冗談ぽくリクエストしてもいいのですが、度を越せば呆れられてしまうでしょう。

ご機嫌力を高めるためには、自分で自分を褒めてみる、自分自身を労《ねぎら》うというのも一案です。

「今日はよく頑張ったなぁ」

「さすが私！　けっこうやるじゃん」

いつも機嫌がいい人には、割と自分で自分を褒めている人が多いものです。

もしも気恥ずかしかったり、つい謙虚になるクセが抜けなくて、**自分で自分を褒めることに抵抗がある場合は「自分に感謝をする」**というのはどうでしょうか。

「こんなことをやって、すごい！　えらい！」とは言いにくくても、「こんなことをやった自分、ありがとう」なら言えるはずです。

「今日も家事をやった自分に、ありがとう」

「本を読んで、新しいことを発見した自分に、ありがとう」

今日一日を振り返っても感謝できることが見つからないという人は、「心臓さん、動いてくれてありがとう」「肝臓さん、働いてくれてありがとう」と、臓器や身体のパーツに感謝してみてもいいのです。

実際、私たちの身体はよく働いてくれています。普段は当たり前に思っているけれど、「ありがとう」と言ってみると本当に感謝の気持ちが湧いてきます。

自分自身に対しても、気付かないだけで感謝することは驚くほどたくさんあるのです。

感謝をするというのは精神的にとてもいい作用があります。

人に対してでも、モノに対してでも「ありがとう」と思うだけで自分自身がハッピーになれます。

感謝に関する研究の第一人者であるアメリカのロバート・エモンズ博士は、感謝の習慣が心身に与える主な影響として次のようなことを挙げています。

①幸福度を高める

②不安などのネガティブ感情を中和させる

③身体の健康に繋がる
④思いやりの気持ちが生まれる
⑤前向きでいられる

「ありがとう」とは「ありがたい（有り難い）」こと。反対語は「当たり前」です。

この世の中には、あって当たり前のことなど本当はないことを、私たちは時々、災害や天災や事故から学びます。

「ありがとう」と感謝をすることで、いま手にしていることが当たり前ではなく「ありがたい」ものに感じられ、その新鮮さが幸福度を高めてくれるのです。

小さなことでも、自分に感謝することから始めてみましょう。

時には人の力を借りる

職場ではイキイキしているけれど、家に帰ると落ち込みがちな、あるいはイライラしがちな女性はたくさんいます。

たとえば、リビングには新聞・雑誌・郵便物が散乱、洋服もクローゼットに入りきらない分が山積み。夫が散らかったものに足をひっかけて舌打ちするのを聞くと、どうしようもなく不快な気分が押し寄せてくるのです。

「私は妻失格なのかも。職場ではエラそうにしているけど、人間としてダメなやつなんだ……」

片づけ方を学べばダメ人間を卒業できるかと、一念発起してたまの休日に片づけの講座に出かけてみます。

勉強をすることでボロボロになりかけた自尊心を取り戻したかに思えても、事態はあまり変わらず、家に帰るとグッタリと疲れ、「私は何をやっているんだろう」と涙が出そうになってしまう。

こんな人は、片づけのプロの力を借りてもいいでしょう。

お金を払ってプロの手を借りることで、自分を責めたり誰かにあたったりしてしまうイヤな時間を短くできます。

人それぞれ得意・不得意はあるもの。自分の苦手を克服しようと努力することは悪いことではありませんが、不得意は「直さなくてはいけないもの」でもありません。

自分の苦手を認められないのはつらいことです。

不都合が起きているのに「べつにそんなことは重要じゃないし……」と極端に目をそむけたり、「できないなんて言えない」と自分を取り繕《つくろ》うことに必死になっていると心は乱れます。

人の力を借りるというのは、何も「お金を払ってプロにお願いする」というだけではありません。

「みんな忙しそうだから申し訳ない」とか「その人の手を煩《わずら》わせることになるなんて」などと思って、**何でも自分でやろうとして抱え込んでいる人は、ご機嫌力が高まりません。**

過信でもあきらめでもなく、自分の現在の力を正しく理解することは大切です。

今後の伸びしろはあるとしても、現在の自分は「（これまでの経験として）こういうときはこういう風になりがち」だと受け入れられると、問題を予防するための手が打ちやすくなります。

たとえば、方向音痴で初めての場所に行くことが苦手な人は、もっとわかりやすい場所で一緒に行く誰かと待ち合わせて同行してもらうことができます。

パソコンを買ったはいいけれど配線や設定がわからなくて苦戦している人は、職場でも友人でも得意そうな人にＳＯＳを出すことができます。

くじ引きで子ども会の会計係になってしまったけれどお金の計算は得意じゃない人は、自分もできるだけ頑張るけれど誰かに手伝ってほしいと呼びかけてみましょう。

自分でやるより人に任せたほうがスムーズなことはたくさんあります。

周りの人は、案外、役に立てる場面を待っていたりするかもしれません。**頼りにされるというのは、悪い気分ではない**のです。

なんでも自分でやろうとしてしまう人は、自分の思い込みやプライドを手放して、もっと周囲の人に仕事を頼んだり、任せたり、代わってもらうことをしてみましょう。

誰かの手を借りて自分の心が整ったら、その分、あなたの得意なことを使って誰かの役に立つ場面を増やしたらいいのです。

きっと心に余裕が生まれてご機嫌力が上がります。

手帳を使って未来の自分に申し送りする

先ほど、「人の手を借りる」ことをお伝えしましたが、手帳を使うというのは、まさに「手帳の手を借り」て、自分の気持ちや時間の使い方を整理する代表的な仕組みです。ご機嫌な自分を作るために、手帳にも一役買ってもらうというわけです。

東京に住む大学時代の友人が、東日本大震災を経験したときの気持ちと、現状での葛藤と、未来に対する不安を手帳を使って申し送りしたと教えてくれました。手帳に書いたことで自分の行動を後押しできたという例として紹介します。

彼女は、3・11直後はテレビから流れる風景に、「いま生きている身として何かしたい。何かをしなければ……」と思ったと言います。

でも、当時は、まだ素人が現地に入れるような状況ではありませんでした。

彼女はそのときに、

「おそらく自分の性格だと、時間が経てば絶対にこの気持ちは風化してしまう。いまは行けなくても6月頃には何かが進展しているかも」

と、スケジュール帳の6月のページに「ボランティアに行くことを検討」とだけ書き込み、未来の自分に申し送りしたのです。

案の定、徐々に普通の日常が戻ってくると、「やっぱり私なんて行っても役に立たないよね」と、自分に対する言い訳めいた感情がむくむく湧いてきたといいます。しかし、6月のダイアリーをめくったとき「3月の自分から」の申し送りを見て、彼女はハッとしました。

「げ、やっぱり自分が思った通り、あの気持ちが薄れてる……」

そのことに気付いた友人は、過去の自分の気持ちを裏切らず、自分でウダウダ判断する前にとにかく行ってみようと決意しました。

そして彼女は、その後数度にわたって福島へボランティアに出かけました。

私たちの脳には「忘れる」という機能が備わっています。

それによって助かっていることもたくさんありますが、忘れたくない、忘れては困ることもたくさんあります。大切なことを忘れないようにするためには、気合いと根性に頼るのみでは無理があります。

先ほどの友人は、手帳を使って申し送りしたことについて、

「心の声は風化するので未来の自分に伝えておくことは私には有効だった。私の場合は、震災復興の大義が背中を押してくれた面もあるけれど、あの『過去の自分からの申し送り』はなんか無視しちゃいけない気がしたの。心の声をよく聞いて、自分はどうしたいのか、なんで不満なのかを考えるときに、自分との折り合いをつけていくことが心の安定に繋がるんじゃないかなって思う」

と語っていました。

手帳以外にも、ＴｏＤｏリストなどを作ったり、時間を区切って付箋などで整理したりするのも、心の中を整理するための仕組みと言えます。

自分の特性（得意・不得意）を捉えて、自分に丁度良く仕掛けておく仕組みが必要なのです。

〝儀式〟は「片をつける」ため

私は数年前まで15年ほど専門学校のスクールカウンセラーをしていました。学生たちが恋人との別れ話を携帯電話のメールなどですることが多いと気付いたのはいつ頃だったでしょうか。

そして、そのメールは削除せずにとっておくと聞いて、それではなかなか心の中は整いにくいだろうな……と常々思っていました。

手紙だったら、引き出しの奥にとっておいても毎日目に入るわけではありません。しばらく時間が経ってから「こんなこともあったね」と思えます。

でも、携帯電話のメールは毎日身近にあって目にするもの。

その中に、別れた恋人からの、それも「もう会いません。サヨナラ」以上にドロドロしているメールがチラチラと見えてしまったら、なかなか立ち直れないんじゃないかしらと思わずにいられませんでした。

実際、学校の相談室には、「別れた恋人のことが忘れられない」と訴えてやってくる学生たちも少なくありませんでした。

携帯電話などの通信手段の進化とフェイスブックに代表されるSNSの普及によって、「人間関係を忘れる」ということが難しくなってきました。デジタルデータはネットワーク上に膨大に残され、自分が死んだあとでさえ、写真やブログ記事、SNSでのコメントなど様々な記録が閲覧されるような時代です。

ある一連の流れに「片をつける」ということが、マインド的にもしづらくなっているかもしれません。

忘れたい過去に片をつけるための「自分なりの儀式」を持つというのは、心の片づけ習慣になります。

昔はよく「失恋すると髪を切る」と言いましたが、これも片をつけるための儀式でしょう。

見たくないメールは削除ボタンを押す、というのも小さな儀式になります。**一度読んで、伝わったのならそのメールはもう役割を終えています。**「ありがとう、さようなら」の気持ちでポチっとすればいいのです。

そのほか、片をつけたいことをチラシの裏に書き出して丸めて捨てるとか、トイレに洗剤で文字を書いて水に流すとか、そんなことでもかまいません。「はい、これで終わり。もう前に進もう」と感じられればOKです。

頭の中だけで終わりにするのではなく、実際に身体を動かすアクションをとるほうが思考や気分が切り替えやすくなり、ご機嫌力を高める効果も大きくなります。

友人でもあるかたづけ士の小松易さんは、「本当の片づけとは、カタをつけること」とよくお話しされています。「片づけ＝過去の体験を中途半端にしておかずに、きっちり終わらせること」という意味だそうです。とても印象的なフレーズでよく覚えています。

人生には、いつどんな風にアクシデントやトラブルがふってくるかわかりません。重大な問題や忍耐を必要とする試練にあったときには、心が乱れたり気持ちが散らかりやすくなるのは当然です。

だからこそ、日頃から自分で自分の機嫌を良くする方法のリサーチやストックが大切なのです。

「ご機嫌力」を高めておくことは、突然アクシデントにあったとしても、手に負えない状態に陥ったり長引かせたりすることを防ぐために役立ちます。

Part 8　回復力のある「しなやかな生き方」

心のしなやかさの土台

人生の幸福度は、楽しいことやつらいことの量で決まるのでしょうか？

私の周りには、つらいことや悲しいことを経験したにもかかわらず、生き生きと幸せを実感して過ごしている人を見ることができます。きっとみなさんもそういった人たちと出会ったことがあるはずです。

もしも、つらいことや悲しいことの有無が幸せを決めるのではなく、それらに対して自分が「どんな風に向き合うか」で幸福感が変わるなら、苦難の中にあってもできることはまだまだ見つけられます。

レジリエンスという考え方が、ポジティブ心理学という心理学の一分野で注目されています。

ポジティブ心理学は、人生を幸せにするためには何が関係しているのかを科学的に検証するもので、近年欧米の大学を中心に、個人や組織が「幸福感を得る」ための様々な要素について調査や実験によるたくさんのデータが集められています。

その中で、人が逆境や試練を乗り越えて、たくましくしなやかに生きていくには「レジリエンス」という力が関係しているということがわかってきました。

硬くて強い棒は、大きな力を加えられると、しばらくは大丈夫でも耐えられなくなるとポキっと折れてしまいます。

それに対して、弾力のあるしなやかな竹ならば曲がっても折れることはありません。手を離せば元の形に戻っていきます。

レジリエンスは、失敗やつらい経験をなかったことのように、あるいは、無理やりポジティブに捉えようとするのではなく、**現実を歪めずにしっかりと受け止めながら柔軟に前向きに生きる力**のことです。

つまり、幸せに過ごすために「絶対にぶれない、絶対に負けない」と踏ん張ることに力を使わなくていいのです。

今の状況を受け入れながら可能な対応を選ぶこと、うまく力を逃したり捉え方を変えたりして、自分らしさというベースラインに回復できること、そのような「回復力」のある心を持ち合わせることができたなら、ずっと生きやすくなります。

心を頑《かたく》なにしてつらいことや悲しいことに身構えるのではなく、**自分をしなやかに変化させていくことがとても大切**なのです。

孤独になっても「孤立」はしない

私たちは、心が健康なときは、ほどよい孤独感を愛せるようです。

実際「一人の時間が好き」、「自分一人で過ごせる時間は自由」だと思う人たちはとても多いのですが、そんな適度な孤独を楽しめる状態の人は、心が健康なのだと思います。

心の荷物が重いときには、孤独感はさらに気分を落ち込ませます。一人でいることでネガティブスパイラルから抜けにくくなるためです。

さらに、孤独感が募り、人と関わることに恐怖心を抱いたり懐疑的になったりすると、孤立感が芽生えます。

孤立感と幸福度は逆の相関関係にあると言われています。簡単に言うと、**一人ぼっちを感じれば感じるほど不幸感が増す**ということです。

自分自身の内側を見つめる作業は個人的なことですし、一人で向き合う必要のあることもあります。

また、思う存分落ち込みたいときは、誰とも会わず一人で部屋にこもっていてもいいでしょう。

しかし、先にも書いたように、私たちが幸せを感じるためには他者との繋がりが必要です。人に話を聞いてもらうことで、気持ちや考えが整理できていくことは少なくありません。「つながり」を感じることがしなやかな回復を助けてくれることもあるでしょう。

私自身もショックなことがあって落ち込んだとき（カウンセラーも落ち込むことはあるのです）、夫や友人に話をすることで心がとても軽くなりました。**自分の話に耳を傾けてくれる人がいるというのは、心を整えるためのパワーになります。**

何でも一人で対処しようとせずに、誰かの力を借りてみることも大切です。

人に話すことは、心の部屋を開放することであり、重たい心の荷物を手放すための最初の一歩になるかもしれません。

もし身の回りの信頼できる最適な人が見当たらなければ、私たちのような心理カウンセラーに相談するのもいいですし、コーチやメンタルオーガナイザー（ライフオーガナイザーの資格を持ち、心と思考の整理のためのワークツールを用いて個人セッションを行える人）といった気持ちや思考の整理を手伝ってくれる人をもっと頼ってみてください。

心を整えるための支援者を得られたとしたら、孤独のマントに身を包んで重たい荷物の前で肩を落としてため息をついている時間を短くできるでしょう。

変えられるものを見つける

つらい状況にあって、心の中がごった返してしまっているようなとき、希望の光は「変えられること」の窓から差します。

どんな状況にあったとしても、「自分で選ぶことができる行動や態度」が見つかれば、それは気持ちを整える大きな支えになり、顔を上げる力を与えてくれます。

変えられることに注目すると、イヤな気分や落ち込んだ状態から回復しやすくなるのです。

2014年2月のソチ冬季オリンピックで、女子フィギュアスケートの浅田真央選手の活躍に感動した人は多かったはずです。

日本代表として金メダルを期待されながら、ショートプログラムではミスを連発してしまい、まさかの16位というスタート。多くのファンたちは驚き、「真央ちゃんは、フリースケーティングまでにショックから立ち直れないのでは……」と心配しました。

ところが、翌日のフリースケーティングでは完璧な演技を見せ、自己新記録を出しました。

たった一晩での回復。演技が終わった瞬間、彼女の目から溢れ出た安堵の涙に、一緒に頬を濡らした人たちがどれほどいたでしょうか。

浅田選手がフリースケーティングで最高の演技をすることができたのは、前日の失敗を「どうしてあのときちゃんとできなかったんだろう」といつまでも思い悩むことではなく、「いま自分に変えられること」にフォーカスしたからなのではないかと思います。

それを示すように、帰国後のインタビューで浅田選手自身がこう語っています。

「(フリースケーティングの前に)思ったんです。『私、一体何やってるんだろう。日本の代表としてここに来ているのに。四年間を無駄にする気？　まだできることがある……』って」

思い通りにならないこと、思ってもみなかったアクシデント、うっかりミス、誰かのせいにしたい失敗の数々。

それらは誰の人生にも突然、訪れます。そんなときに、変えられないことに目を向けて「なんで？　どうして？」と考え続ければ、心のモヤモヤを抱え続けることになります。

過去を憂い、他人を恨み、変えられないことをグルグルと考えていても、私たちは元気になれません。自分が望まないことが起きてしまうと、いつも以上に重力を感じて身体も心も重くなるものです。

しかし、「ピンチはチャンス」と言われるように、このアンバランスな感覚は上を向くためのエネルギーを生んでくれる可能性も秘めています。アンバランスから生まれたエネルギーをより良く活かすには、変えられることに注目することが重要なのです。

変えられるものを探しましょう。そうすることによって、人生は強くしなやかに変化します。

人生はまだ続いています。今日が過ぎれば明日がきます。

今日何をしてどんなものを食べるのか、これから誰と会いどんな風に関わるのか。まだまだあなたに変えられるものはいっぱいあります。自分の人生を自分で選ぶことができるのです。

心を片づけるということは

心の片づけをするのは、あなた自身が自分の人生を自分らしく生きるためです。

心の中にはいろいろなものが詰まっています。

本当はフタをしておきたい劣等感、つきまとう罪悪感、見たくない嫉妬心、モヤモヤする不全感、胸がチクッと痛む後悔、頭に血が上りそうな憤り、息が苦しくなるほどの哀惜《あいせき》。

手放しても手放しても、なぜか手元に戻ってきてしまうものがあります。欲しいと思っていないのに沸々と生まれ出てきてしまうものもあります。だからとてもやっかいで、手に負えないと感じることもあるでしょう。

そして、そのネガティブでパワフルな存在に圧倒されて、自分を見失ってしまいそうになるのです。

しかし、**心の中をもっとよく見回してみれば、あなたしか持っていない貴重なものが存在しています。**

ほんわかと気持ちを和ませてくれる優しい思い出、気力を奮い立たせてくれるような力強い野望、コツコツと積み上げてきた自信、試練に鍛えられて生まれた絆、数々の失敗から学んだ自戒、自分を支えてくれる使命感。

心の中は自分だけの特別なスペースです。

心のスペースは無限大だからといって何でもかんでも詰め込んでいると、日々の感情の波に飲まれて大切なものが埋もれてしまいます。部屋のレイアウトを考えるように、何をどこに並べるのか、いつも手が伸びやすいところにはどんなものをセットするのかは、あなたが決めることができます。

自分らしい心の片づけ方を見つけることは、心のコンディションを整えることになるのです。

また、**心を片づけるということは、いまの自分を通じて、過去の自分とも未来の自分とも仲良くなるプロセス**でもあります。

いま変えられることに力を尽くして充実感を得ると、過去の荷物がそれほど重要に感じないようになります。過去の不要品に片をつけて少し身軽になったら、更にいまを生きる余裕が生まれます。

いま与えられていることに感謝できるようになると、未来の不安が薄らいでいきます。未来の保険に駆り立てられないようになれば、いまを楽しむ意味をもっと深く感じられるようになるでしょう。

心の片づけが上手な人たちは、自分の生き方に責任を持ち、自分の考え方や感情を選ぶ術を知っていて、周囲の大切な人たちとの穏やかで心地よい関わりを維持しているのではないかと思います。

そんな、しなやかで軽やかに過ごす人たちが増えることで、家庭には優しい時間が流れ、職場には活気が溢れ、地域にはご機嫌な笑い声が響くようになるのではないかと思うのです。

おわりに

心理カウンセラーが片づけを題材に本を書くことを不思議に思われた方もいることでしょう。

始まりは2009年11月、産声を上げてまだ1年ほどの「日本ライフオーガナイザー協会」との出会いに遡《さかのぼ》ります。ある方の紹介で協会のホームページに辿り着いたとき「オーガナイズってすごくいい言葉だな……」と強く感じたのを覚えています。

オーガナイズとは、仕組み化する、組織化する、準備して整える、といった意味の言葉ですが、協会のサイトには「思考と空間を整理して、〈もっと楽にもっと生きやすく〉を実現する」といった内容が書かれていました。

私はカウンセラーとして多くの方々の心の葛藤や人間関係の悩みをうかがっていましたが、心にも人間関係にも実は仕組みがあり、それを知らなかったり、誤って使っていたりすることで問題が長引いてしまうと、よく感じていました。

ですから、「思考と空間を整えて、より良く生きる仕組みを考えるオーガナイズか……」と、その考え方に大きな関心を持ったのだと思います。

ライフオーガナイズを学ぶにつれ、目に見えるものを片づけること、またスッキリと片づいた状態を目にすることは、心の健康にもとても良いことだと思いました。そして、もし空間を片づけるように心の中も片づけることができたら、より多くの人たちが、自分で自分の心のメンテナンスができるのではないかと思うようになりました。

そんな経緯から考案した〝メンタルオーガナイズ〟は、まさに「空間を整えるように、心を見える化して整える」ための方法です。本書は、そのエッセンスと、様々な心理学やカウンセリングの概念を織り交ぜています。できるだけ専門的にならないように、「片づけの本は読むけれど心理学や自己啓発の本は敬遠しがち」という方にも読んでほしいと願いながら書きました。具体的な事例として、一部クライエントさんとのやりとりを引用していますが、ご本人のプライバシーには充分配慮し、個人を特定できない形で用いています。

編集を担当いただいた高橋千春さんとライターの小川晶子さんには、幾度にも渡り企画の練り直しなど、最後まで丁寧にお付き合いいただいて感謝しています。

日本ライフオーガナイザー協会の高原真由美代表理事には、この本を書くに至るまでの様々な場面で厚いご支援をいただきました。ここに改めて感謝を伝えます。日々片づけを通してお客様に向き合っているライフオーガナイザーの仲間たち、特にメンタルオーガナイザーとして心の片づけをサポートしているメンバーには、この本を書くためのヒントをたくさんもらいました。ありがとうございます。

また、本著の具体的事例として個人的なエピソードを快く提供してくれた国分典子さんと竹内優子さんには、特別な感謝を述べたいと思います。

約20年前、夫とつくった小さなカウンセリングルームが、私の臨床の始まりでした。夫には、メンタルオーガナイズの開発のみならず、今回の執筆に関してもたくさんの知恵をもらいました。つらいときには元気をくれるビタミン剤のような、迷ったときには少し前を照らして進む勇気をくれる灯台のような存在の夫に、心から感謝しています。

２０１５年1月

渡辺奈都子

文庫化に寄せて

「心の中って片づけられるの？」

そんな風にこの本に関心を寄せて、多くの方が手に取ってくださったことをとても嬉しく思います。一度は世に出ても、そのまま居場所を失ってしまう本が多い中で、こうして文庫化のお話をいただいたことを光栄に思っています。

本著が出版されて間もなく、フェイスブックで感想をアップしてくださった読者のお一人が、「これで読書会がしたい！」と書き込んでくださいました。自分の心の内側にある様々な「荷物」と、その片づけ方や葛藤について自分以外の人たちと語ってみたい。そんなリクエストでした。すると、同じように興味を持ってくださった方がどんどん集まってくださって、瞬く間に20名ほどの人たちが集《つど》う初の読書会が開催されました。出版一ヶ月後の２０１５年3月のことです。

この偶発的なイベントをきっかけに、本著を用いて心の片づけ方について分かち合う「構成的読書会M-cafe（エムカフェ）」という学習会が発足しました。

M-cafeとは、

・本の内容を分かち合うことで活力を得て（**Motivation**）、
・自分が体験&遭遇する出会いや出来事の意味を見つけ（**Meaning**）、
・心の片づけスキルに磨きをかける（**Mastery**）。

という3つのMによって、心の片づけメソッドであるメンタルオーガナイズ（**Mental organize**）が促進されることを期待して取り組む集いです。カフェでお茶を飲みながらおしゃべりするように心の中を分かち合う。でもそれは、愚痴や文句や不満ではなくて、自分の心の中を健やかに前向きに整えるための語り合いであること。

そのためにM-cafeでは、集まったメンバーで毎回1章ずつ読み、その中から、

★お気に入りポイント（いいね♪）
★新たな発見ポイント（へー!?）

★実践したいポイント（やってみたーい！）

という箇所を思い思いに付箋などに書き出して、他の人たちが感じたことも見える化しながら分かち合うという構成で運営されています。

実は、この本を書いた目的は、「心の中も空間と同じように片づけてみる」というメンタルオーガナイズのアイデアを知っていただくことが半分、もう半分は、私自身がそのとき抱えていた思いや状況、今後進もうとしている方向性をも含めて「整える」という、まさに自分のために書いた本でもありました。なので、当初はこの本が読書会という場で集って読むものに適しているのか、参加者を選ばず関心を持ち続けてもらえるのか、微妙な心持ちだったというのが正直なところです。

しかし、「やってみたい」と名乗りを上げてくれた各地のメンタルオーガナイザーに主催を託し、楽しみと不安の入り混じった状態で行く末を見守っていると、回を重ねる度に、各開催地から「楽しい！」「一人で読んでいたときと全然違う！」「だんだん心が整っていくのが実感出来る！」等々の感想が聞こえるようになりました。次第に、著者の私以上に本の内容に精通されていく読者も増え、この本は私の手を離れていきました。現在（2019年2月）までに、北は北海道〜南は熊本という全国各地で50箇所を超えるM-cafeが開かれています。中には、継続的に何巡ものM-cafeを繰り返している開催地もあるので、トータルでは100を超えるクラスが誕生しています。

本編にも書いていますが、空間の片づけでも心の中の片づけでも、もっとも難しくて大切だと思うことは、せっかく整えた状態を「維持する」ことです。維持するというのは、まったく乱れないこととは違って、散らかっても整った状態に回復できるしなやかさを身につけることですが、これが身につく＝習慣化されることは、決して簡単ではありません。M-cafeという読書会は、そんな困難さを乗り越えるための「つながり」と、自分一人では辿り着かなかった新たな「気づき」を生むコミュニティになっているようです。

あたたかな運営とファシリテーションに尽力していただいているメンタルオーガナイザーの皆さん、そこに集って自分の内側の気づきを語りながら貴重な化学反応を生み出してくださっている参加者の方々、私が想定していた目的を超えて、この本を育ててくださっているすべての人たちに心から感謝いたします。

M-cafe に関する開催の様子はこちらでご覧になれます。お近くの M-cafe にも機会があれば参加されてみてください。どなたでも歓迎いたします。
↓https://www.facebook.com/shinayaka.katadukе/
また著者の講座やセミナーについては、こちらをご覧ください。
↓https://www.smart-being.com/

渡辺奈都子

参考文献

『ライフオーガナイズ　もっと心地いい暮らし方』（一般社団法人 日本ライフオーガナイザー協会監修／主婦と生活社）
『記憶はウソをつく』（榎本博明著／祥伝社新書）
『アドラー心理学入門』（岸見一郎著／ベスト新書）
『ユング心理学入門』（河合隼雄著／培風館）
『「幸せをお金で買う」5つの授業』（エリザベス・ダン、マイケル・ノートン著、古川奈々子訳／ＫＡＤＯＫＡＷＡ　中経出版）
『アンネの日記』（アンネ・フランク著、深町眞理子訳／文春文庫）
『科学がつきとめた「運のいい人」』（中野信子著／サンマーク出版）
『脳科学からみた「祈り」』（中野信子著／潮出版社）
『世界でひとつだけの幸せ』（マーティン・セリグマン著、小林裕子訳／アスペクト）
『その幸運は偶然ではないんです！』（Ｊ・Ｄ・クランボルツ、Ａ・Ｓ・レヴィン著、花田光世、大木紀子、宮地夕紀子訳／ダイヤモンド社）
『「レジリエンス」の鍛え方』（久世浩司著／実業之日本社）

本作品は小社より二〇一五年三月に刊行された同名書籍に、
「文庫化に寄せて」を加筆して文庫化したものです。

渡辺奈都子（わたなべ・なつこ）

一般社団法人ウェルビーイング心理教育アカデミー理事。一般社団法人日本ライフオーガナイザー協会認定本部講師。日本カウンセリング学会認定カウンセラー。SmartBeing合同会社COO。

1968年東京都生まれ。日本女子大学文学部教育学科卒。1996年神栄カウンセリングセンター開設。以来、女性のクライエントを中心に心理相談やセミナーを展開。2014年、空間の片づけを心の片づけに応用した「メンタルオーガナイズ」を開発。全国に「メンタルオーガナイザー」を育成する。2017年、一般社団法人ウェルビーイング心理教育アカデミー設立、理事に就任。心の健康と幸せな生き方について分かりやすく学べる心理教育の場を提供している。

著書に『人間関係をしなやかにするたったひとつのルール』（ディスカヴァー・トゥエンティワン）、共著に『こころを整えるしあわせレシピ』（いのちのことば社）がある。

しなやかに生《い》きる
心《こころ》の片《かた》づけ

著者 渡辺奈都子《わたなべなつこ》

二〇一九年三月一五日第一刷発行

発行者 佐藤靖
発行所 大和《だいわ》書房
東京都文京区関口一－三三－四 〒一一二－〇〇一四
電話 〇三－三二〇三－四五一一

フォーマットデザイン 鈴木成一デザイン室
本文デザイン・図版 松好那名（matt's work）
編集協力 小川晶子
本文印刷 シナノ
カバー印刷 山一印刷
製本 小泉製本

ISBN978-4-479-30750-1
乱丁本・落丁本はお取り替えいたします。
http://www.daiwashobo.co.jp